Ferdinand Schmidt

Preußens Krieg gegen Österreich und seine Verbündeten im

Jahre 1866

Ferdinand Schmidt

Preußens Krieg gegen Österreich und seine Verbündeten im Jahre 1866

ISBN/EAN: 9783743673175

Hergestellt in Europa, USA, Kanada, Australien, Japan

Cover: Foto ©ninafisch / pixelio.de

Weitere Bücher finden Sie auf **www.hansebooks.com**

Preußens Krieg

gegen

Oesterreich und seine Verbündeten

im Jahre 1866.

Allen Deutschen gewidmet

von

Ferdinand Schmidt.

Der preußische Adler ist das Symbol
des sich im Lichte des Protestantismus
verjüngenden Deutschlands.

Berlin.

Verlag von Hugo Kastner.

Die Titel der übrigen Jugendschriften von Ferdinand
Schmidt und Urtheile über diese Schriften findet man
am Schlusse dieses Bandes.

Der Verleger.

— —

Von demselben Verfasser erschien auch als Band 34. der
Jugend=Bibliothek in illustrirter Ausgabe:

„Der Schleswig-Holstein'sche Krieg 1864."

Der Verleger.

Zur Verständigung.

Der Krieg Preußens gegen Oesterreich und seine Verbündeten glich einem urplötzlich hervorbrechenden, vernichtenden Gewittersturme.

Der Himmel verfinstert sich, Blitze zucken, Donner rollen, die Erde bebt, Schloßen prasseln hernieder, der Wald beugt sich wie ein Aehrenfeld, und mit Krachen stürzen markige Bäume.

Ein solches Bild steigt auf vor unsrer Seele, wenn wir des Krieges gedenken.

In Tausenden aber sind auch die Fragen aufgestiegen: Mußte dieser Krieg eintreten? War das Opfer so vielen edlen Blutes und so vieler materiellen Güter eine Nothwendigkeit? Oder war es frevler Muth, der diesen Krieg heraufbeschwor? Handelte es sich um ein Ringen Großer, bei dem die Völker mit ihrem Gut und Blut die Kosten zu bezahlen haben? — Als der Janustempel geöffnet ward, entsetzte sich ein großer, ehrenwerther Theil des Volkes und rief nach Frieden.

Um zu erschöpfenden Antworten auf diese Fragen zu gelangen, würde es keineswegs genügen, die dem Kriege unmittelbar vorhergehenden amtlichen Streitschriften in Betracht zu ziehen, zumal uns, wollten wir diesen Weg einschlagen, nicht einmal sämmtliches Material zu Gebote stände, und außerdem der Laie, der verhüllenden Sprache der Diplomatie gegenüber, von vorn herein im Nachtheil ist.

Einen festen Standpunkt dagegen werden wir gewinnen, wenn wir einen Blick auf die Vergangenheit Preußens und Oesterreichs werfen. Das Ganze wird uns Aufschluß geben über das Einzelne, auch über den letzten Krieg, unter dessen Einwirkungen wir zur Zeit stehen. Eine solche Betrachtung wird uns schließlich zu der Anerkenntniß führen: Dieser Krieg lag längere Zeit schon gewissermaßen in der Luft, wie ein Gewitter. Der Augenblick des Ausbruchs hing von Zufälligkeiten ab, der Ausbruch selbst war unvermeidlich und zwar unvermeidlich um deswillen, weil in Preußen und Oesterreich zwei starke Mächte um die Führung Deutschlands warben, zwei Mächte, die ihrem innersten Wesen und ihrem ganzen Entwicklungsgange nach sich feindlich entgegenstehen. In Preußen und Oesterreich verkörpern sich die neue Zeit und die alte Zeit: einer Macht konnte schließlich nur die vollständige Herrschaft über das ganze Deutschland zufallen.

Aber auch noch in anderer Beziehung wird ein geschichtlicher Rückblick sich uns als heilsam erweisen. Wir werden, nachdem sich uns der letzte Krieg als einer der bedeutendsten Acte eines großen, sich durch Jahrhunderte hinziehenden geschichtlichen Processes dargestellt hat, und wir erkannt haben, daß die Interessen Preußens und Deutschlands vollkommen zusammen fallen, bewußtvoll die Mission vollziehen helfen, die dem preußischen Staate von der Vorsehuug gestellt worden ist; wir werden uns rüsten an Geist und Leib und uns mit auf die Wacht stellen gegen einen Feind, der oft schon niedergeworfen, sich immer wieder erhob, und dem kaum mit dem letzten Schlage, so furchtbar er auch war, für immer das Gelüst verloren gegangen sein mag, Preußen von seiner Lichtbahn abzulenken! —

1.

Preußen unter dem Nessusgewande des Bundestages.

Am liebsten hätte der Kaiser von Oesterreich, der im Jahre 1806 in schimpflicher Weise der deutschen Kaiserwürde hatte entsagen müssen, sich im Jahre 1815 die deutsche Kaiserkrone wieder auf's Haupt gesetzt. Da dies nach einer so beschämenden Verzichtleistung nicht anging, war es das Bestreben des Habsburgs-Lothringischen Kaiserhauses, wenigstens sich der Sache nach noch einmal an die Spitze Deutschlands zu schwingen, um es nach lang geübter und darum geläufiger Praxis auf fernerhin auszubeuten.

Um zu seinem Zweck zu kommen, arbeitete Metternich zunächst mit Erfolg daran, die an den Höfen der kleinen rheinbündlerischen Fürsten wuchernden niedern Gesinnungen gegen Preußen aufzuregen. Je glänzender

Preußens Thaten, die es für Deutschland vollbracht, strahlten, um so heftiger regten sich dort Neid und Mißgunst gegen dasselbe, da man ja lange genug durch Unterstützung Napoleons und durch Erniedrigung vor ihm sich im Gegensatze zu dem Geiste befunden hatte, von dem Preußen ergriffen worden war. Ebenso wußte Metternich die Furcht vor dem wachsenden Preußen in den kleinen Fürsten zu erregen, Oesterreich aber als den Staat darzustellen, der sie in ihren Souveränitätsrechten nicht nur zu schützen Willen und Kraft habe, sondern der auch Bedacht darauf nehmen würde, ihre Rechte, Preußen gegenüber, noch mehr zu befestigen.

So wurde von Oesterreich und der Mehrzahl der deutschen Kleinstaaten auf dem Boden der Intriguen und der niedrigsten, dem Nationalgefühl gänzlich abgewandten Selbstsucht zunächst ein geheimes Einverständniß erzielt.

Die Frucht dieses Einverständnisses war ein unheilvolles Verfassungswerk für Deutschland, die Bundesacte, auch der deutsche Bund genannt.

Alle deutschen Staaten traten zu einem Bündniß zusammen. In dem engeren Rathe dieses Bundes hatte Oesterreich eine Stimme, Preußen eine Stimme, die übrigen deutschen Staaten hatten funfzehn Stimmen.

Oesterreich hatte dem Scheine nach nur ebenso viel Macht im engeren Rathe, als Preußen, in Wahrheit aber gebot es — wir wissen, aus welchen Gründen! — stets über die große Mehrzahl der übrigen Bundesstimmen.

Außerdem ward Oesterreich (von der in seinem Dienst stehenden Mehrzahl der Stimmen) zum natürlichen Vorsitzenden des Bundes erklärt und zwar aus dem so überaus unschuldig klingenden Grunde: „weil man ihm im Andenken an die früher von ihm getragene Kaiserwürde eine Auszeichnung gewähren wolle.“ —

Dieser Bundestag war das Nessusgewand, das man dem preußischen Staate unter glattem Lächeln anlegte, und unter dem es seines Daseins auf lange Zeit hin nicht froh werden sollte.

Aber mehr noch! Nicht an den kleinen Höfen allein, auch an den europäischen Höfen wußte Metternich die Elemente anzuregen, deren er zur Ausführung seiner gegen Preußen gerichteten Pläne bedurfte. Unmittelbar nach dem Kriege war beschlossen worden, Preußen als Entschädigung für seine großen Opfer das ganze Königreich Sachsen zuzuerkennen, außerdem aber auch zu sorgen, daß sein Gesammtgebiet eine zweckmäßige Abrundung erhalte. Metternich wußte die Ausführung dieses Planes zu hintertreiben. Es kam nur etwa die Hälfte Sachsens an Preußen, und außerdem erhielt Preußen seine langgestreckte, durch Hannover, Braunschweig und Kurhessen unterbrochene Gestalt und da-

1 *

mit eine Vertheidigungslinie, wie sie für einen Staat kaum unzweckmäßiger erdacht werden kann.

Aber wie, ließen denn Preußens Staatsmänner dies Alles willenlos über ihr Land ergehen?

Keineswegs. Sie kämpften redlich und mit Zähigkeit lange gegen Oesterreichs Pläne. Aber mit den Waffen des Rechts, der Wahrheit und Billigkeit war in Wien, wo die Berathungen stattfanden, nicht durchzukommen, und einer der preußischen Minister, der es versuchte, den österreichischen Minister auf dem Gebiete der Täuschungen zu folgen, um ihn mit seinen eigenen Waffen zu bekämpfen, zog bald genug den Kürzeren. Metternich, der Meister des Truges, gewann für seinen Herrn das Spiel gegen Preußen.

Es ist zu charakteristisch für die österreichische Diplomatie, ja für das ganze österreichische Staatswesen, als daß wir es uns versagen könnten, mitzutheilen, wie Metternich die Berathungen einleitete. Vorerst — dafür wußte er zu sorgen — durfte an die Arbeiten, um derenwillen die Gesandten aller betheiligten Mächte und außerdem eine Unzahl von geladenen und ungeladenen Gästen gekommen waren, nicht gedacht werden. Es hatten sich in Wien die hervorragendsten Persönlichkeiten Europas, Fürsten, Staatsmänner, Gelehrte, Künstler, auch schöne und geistreiche Frauen eingefunden. Diese Wiener Gäste, deren Zahl bis auf

100,000 stieg, wurden im bunten Wechsel „divertirt"
durch Wachtparaden, Maskeraden, Caroussels, Musik-
feste, prunkende Bälle, Feuerwerke, Prachtopern und
Jagden. Dem Minister kam es vor Allem darauf
an, den Berathungen den rauhen patriotischen Eifer
der Freiheitskämpfer fern zu halten. Demnach trachtete
er danach, sich Stimmung und Atmosphäre für seine
Art von Wirksamkeit zu verschaffen, und obgleich in
Oesterreich Finanznoth herrschte, wurde es ihm leicht,
den Kaiser Franz zu bewegen, daß dieser für die Fest-
lichkeiten eine Summe von nicht weniger als 30 Millionen Thalern aufwendete. In der That: „Es giebt
nur eine Kaiserstadt, es giebt nur ein Wien." —

Unter dem „Bundestag" gekommen zu sein — das
war für Preußen die äußere Frucht der Freiheitskriege.

Funfzig Jahre hat Preußen diese Last und — sagen
wir es! — diese Schmach getragen, sich seine Wege, wie
sie seinem geschichtlichen Berufe entsprachen, von Oesterreich und der Mehrzahl der deutschen Kleinstaaten kreuzen
zu lassen. Es trug Scheu, aus dem Bündniß zu treten,
weil es sich jedesmal, so oft eine günstige Gelegenheit
dazu eintrat, nicht vorbereitet genug erkannte, die
Consequenzen eines solchen Schrittes zu tragen.

Der Widerwille gegen den Bundestag stieg inzwischen in Preußen von Jahr zu Jahr. Aber auch
im übrigen Deutschland begann sein Ansehen all-

gemach zu sinken. Es war in dem Bundesgesetz u. A. auch zugesagt worden, gewisse Rechte des Volkes festzustellen. Das geschah aber nicht, denn die Metternich'sche, aller Volksfreiheiten feindlich gesinnte Politik beherrschte die Höfe.

Oesterreich verwandte im Laufe der Jahre Millionen, um durch erkaufte Federn Preußens Absichten in Zeitungen und Broschüren zu verdächtigen, Fürst und Volk in den Augen der Deutschen herabzusetzen. Aber eine bezahlte Presse, die den Zweck hat, zu täuschen, macht höchstens auf die unwissende Masse Eindruck; unter dem denkenden Theile der Nation innerhalb und außerhalb Preußens brachen sich richtige Anschauungen Bahn, und Oesterreich mußte es im Jahre 1849 mit Staunen und Grimm sehen, daß die deutsche National-Versammlung an den König von Preußen den Ruf ergehen ließ, an die Spitze von Deutschland zu treten und sich die Kaiserkrone auf's Haupt zu setzen. Friedrich Wilhelm IV. entsprach den Wünschen der Nation nicht und zwar aus Schonung gegen Oesterreich und seine Vasallen, wohl auch aus Friedensbedürfniß. Doch suchte er durch Stiftung einer engern Union den berechtigten Wünschen der Nation Rechnung zu tragen.

Sofort ward Preußen von Oesterreich mit Krieg bedroht. Preußen überrascht, nicht gerüstet genug, um der österreich-bayerischen Exekutions-Armee entgegen zu

treten, dabei ohne Bundesgenossen, gab nach — es
erfolgte die Schmach von Olmütz. Das Maß war voll.

Oesterreich triumphirte, ohne ahnen zu können,
daß in kurzer Zeit die Antwort auf Olmütz lauten
sollte: Königgrätz! —

2.
Zwischenfälle.

Wie der zweiköpfige österreichische Adler mit einem
Haupte Deutschland bewachte, hielt er fortgesetzt sein
anderes Haupt auf Italien gerichtet, und es war ihm,
entsprechend seiner Machtstellung in Deutschland, seit
langer Zeit gelungen, über die mittel-italienischen
Staaten eine Art Oberherrlichkeit auszuüben.

Aber auch in Italien regte sich das Verlangen nach
nationaler Wiedergeburt und zwar vorzugsweise in Sardinien, das, weil seine Stellung zu Italien ähnlich der
Stellung Preußens zu Deutschland geworden war,
vielfach das Preußen Italiens genannt wurde.

Oesterreich ging in seinen gegen Italien gemünzten

Bestrebungen mit dem päpstlichen Stuhle Hand in
Hand, denn dieser fürchtete, das italienische Volk würde,
wenn ihm das Werk der Wiedergeburt gelinge, an den
Papst die Forderung stellen, gemäß dem heiligen
Worte: „Mein Reich ist nicht von dieser Welt!"
vom weltlichen Herrenthume abzulassen und sich mit
dem geistlichen Hirtenthume zu begnügen.

Um die Gefahr für das Haus Habsburg-Lothringen
und für den päpstlichen Stuhl zu beschwören, wurde
von Oesterreich beschlossen, den Hauptheerd der nationalen Bestrebungen, Sardinien, mit Krieg zu über-
ziehen. In Oesterreich wogen, was Abneigung betrifft,
beide Staaten, Preußen und Sardinien, gleich schwer.
So kam es zum italienischen Kriege von 1859. Sardinien fand die Bundesgenossenschaft Frankreichs, Oesterreich wurde geschlagen und büßte seinen Angriffskrieg
mit dem Verluste der Lombardei; auch verlor es seinen
Einfluß auf die mittel-italienischen Staaten, die
Sardinien sich einverleibte.

In den italienischen Angelegenheiten auf so em-
pfindliche Weise zurückgewiesen, raffte es seine Kräfte
zusammen, um in Deutschland durch einen diplomatischen
Feldzug wo möglich doppelt zu gewinnen, was es vor
der Welt so eben an Macht und Ansehen verloren
hatte.

Jetzt ließ es durch bezahlte Federn von den Dächern

predigen: die Bundesverfassung (die doch sein eigenstes Werk war!) tauge nichts; das deutsche Volk bedürfe einer besseren Verfassung!

Die Wahrheit war die: Oesterreich wollte die Bundesverfassung so umgestalten, daß sie ihm mehr Macht noch einräume, als dies bisher der Fall gewesen war.

Es verständigte sich mit der Mehrzahl der kleinen deutschen Fürsten, und plötzlich ward die Welt durch das Schauspiel eines Fürsten-Congresses, den man mit großem Pomp in Frankfurt am Main in Scene setzte, überrascht. Dabei ließ Oesterreich sich als volksfreundlich gesinnt schildern, da ja, wie es die Absicht des Kaisers sei, dem Volke eine Vertretung an dem neuen Bunde gewährt werden sollte.

Mit Preußen hatte Oesterreich eine Verständigung vorher nicht gesucht. Es lag für jeden Denkenden auf der Hand, um was es sich für Oesterreich einzig und allein handelte. Das Volk sollte durch das Versprechen einer Art von Volksvertretung getäuscht, Preußen aber unter eine es noch mehr beengende Fessel gebracht werden.

Preußen ist der größte deutsche Staat, es hatte damals schon doppelt so viel deutsche Einwohner als Oesterreich und mehr als drei Mal so viel als Bayern. Im berechtigten Vollgefühle seiner Bedeutung für Deutschland

und in klarer Erkenntniß der Lage wies es die Kaiser-
liche Einladung zum Congreß kalt zurück.

Das war genug, um die ganze Congreß-Idee in
ihr Nichts zurückfallen zu machen, und den hohen
Herren, die mit Aufbietung großen fürstlichen Glanzes
sich nach Frankfurt bemüht hatten, war weiter Nichts
beschieden, als in ihren vertraulichen Zusammenkünften
ihrem Grolle gegen Preußen Luft zu machen, sich auf
der Straße von Volksmassen, deren Köpfe von der
im österreichischen Solde stehenden Presse verwirrt gemacht worden waren, mit Hochruf bedient zu sehen, und
auf der Heimreise sich mit der Hoffnung zu getrösten,
Preußen dennoch einen Schaden in der Schätzung des
deutschen Volkes zugefügt zu haben. Hinterher ward
denn auch in der großdeutschen Presse eifrig gepre-
digt: Nur durch die Schuld Preußens sei es verhindert
worden, daß Deutschland eine neue, auf volksthümlicher
Grundlage beruhende Bundesverfassung erhalten habe!—

Noch einen andern Zwischenfall von Bedeutung
haben wir ins Auge zu fassen: die Schleswig-Holsteinische Frage trat in neuer Gestalt auf und erheischte
Lösung.

Preußen war sogleich gewillt, die Sache in die
Hand zu nehmen, aber nicht unter Mitbetheiligung
des deutschen Bundes. Es wollte der guten Sache
Opfer bringen, faßte aber auch berechtigte Vortheile

dabei ins Auge. Unter Mitbetheiligung des deutschen
Bundes wären von ihm die Opfer an Gut und
Blut (und voraussichtlich große Opfer!) verlangt, Vor-
theile dagegen ihm nicht zugestanden worden.

Diese Haltung war verständlich. Es beirrte aber
die Volksmeinung, als es kundbar ward: Preußen
verbinde sich zu Gunsten Schleswig-Holsteins mit
Oesterreich. Faßte es Preußen ins Auge, daß die
Schleswig-Holsteinische Sache, wie vielfach befürchtet
ward, einen europäischen Krieg hervorrufen könne, und
daß es aus diesem Grunde nur in Verbindung mit
einer starken Macht (vorläufig gleich viel, welcher) vorgehen könne? Oder drängte sich Oesterreich herzu und
war eine Abweisung unausführbar? Doch wir wollen
von allen Vermuthungen absehen; genug das Bündniß
Preußens und Oesterreichs gegen Dänemark kam zu
Stande, und der Krieg wurde, wie sich auch nicht
anders vermuthen ließ, in kurzer Zeit zu Gunsten
Schleswig-Holsteins entschieden.

Schleswig-Holstein war von Dänemark losgerissen;
nun aber entstand die Frage: in welche Stellung soll
es zum Gesammt-Deutschland treten?

Ein Unheil herrschte zur Zeit in Preußen: die
Majorität der Kammer stand in seiner Auffassung wich-
tiger Paragraphen des Landesgesetzes im schroffsten
Gegensatze zum Ministerium. Es ist hier nicht der

Ort, etwas für oder gegen die eine oder die andere
Auffassung zu sagen: genug, der betrübende Conflict
war vorhanden. Wäre Frieden im Lande gewesen, so
hätte muthmaßlich Schleswig-Holstein sofort seinen
Wunsch zu erkennen gegeben, sich an Preußen anzu-
schließen. Dies unterblieb, und der Herzog von Augustenburg, dessen Vater für Auszahlung einer Summe
Geldes in seinem und seiner Erben Namen allen Ansprüchen auf das Land entsagt hatte, rief eine lebhafte
Agitation zu seinen Gunsten in Schleswig-Holstein
hervor.

Die Haltung, die nun Oesterreich in der vorliegenden Frage einnahm, ließ darüber keinen Zweifel,
daß seine Betheiligung an dem Kriege nur in der
Absicht seinen Grund hatte, Preußen nicht nur im
Norden keinerlei Vortheile zukommen zu lassen, sondern
ihm durch Errichtung eines neuen deutschen Kleinstaates
am Meere seine Lage noch zu erschweren. Es trat
für die Ansprüche des Herzogs von Augustenburg ein
und schürte nach Kräften die Agitation gegen Preußen.
Gelegenheit dazu war ihm reichlich geboten, denn es
war in dem Friedensschlusse mit Dänemark das vor-
läufige Besitzrecht auf die Herzogthümer zu gleichen
Theilen auf Preußen und Oesterreich übergegangen.

Die meisten der kleinen deutschen Fürsten waren natürlich auch auf Seiten des Augustenburgers und halfen

schüren. Wär doch für sie in Aussicht, in einem neuen
Herzoge einen neuen Bundesgenossen gegen Preußen zu
gewinnen! Oesterreich hatte zwar in dem ersten Stadium
der Schleswig-Holsteinischen Angelegenheit die kleinen Fürsten auch vor den Kopf gestoßen, indem es mit Hinten-
ansetzung der Forderungen des deutschen Bundes auf eigne
Hand mit Preußen in ein Bündniß getreten war. Seine
jetzige Agitation für einen Ihresgleichen im Norden
Deutschlands jedoch ließ sein Verhalten wieder in einem
bessern Lichte erscheinen, und so fanden sich allgemach
die alten Freunde auch in der jetzt vorliegenden Frage
wieder zusammen. Es war die alte Geschichte in neuer
Form: der Kampf Oesterreichs und seiner Vasallen
gegen Preußens berechtigte Machtentwicklung! —

Preußen war, wenn man in Erwägung zieht, daß
von ihm der Anstoß zur Befreiung Schleswig-Holsteins
ausgegangen war, daß es die Führerschaft in dem
Kriege gehabt und die meisten Opfer an Gut und
Blut gebracht hatte, mit sehr mäßigen Ansprüchen auf-
getreten; es wollte sich nur in so weit sichern, daß es
Herrschaft über das Meer gewann, und daß seine und
Deutschlands wahren Interessen durch die Errichtung
eines deutschen Kleinstaates im Norden nicht geradezu
geschädigt würden. Dank der Verstocktheit des Augustenburgers und seiner Hintermänner wurden die mäßigen
Forderungen Preußens abgewiesen! —

So stand die Angelegenheit schon im Jahre 1865, und es ward ein kriegerischer Zusammenstoß Preußens und Oesterreichs damals schon befürchtet. Da machte Preußen noch einen Versuch, den Streitpunkt zu einem friedlichen Abschluß zu bringen. Statt der gemeinsamen provisorischen Regierung über beide Herzogthümer schlug es eine getrennte Verwaltung Holsteins und Schleswigs vor, derart, daß letztere in die Hand Preußens, erstere in die Hand Oesterreichs übergehe. Dies führte zum Vertrag von Gastein.

Aber der böse Wille Oesterreichs und seines An- hanges ließ auch innerhalb dieses Vertrages die Sache nicht zu einem für Preußen erwünschten Abschlusse kom- men: die gegen Preußen agitirenden Mächte wollten unter allen Umständen den Krieg.

3.

Vor dem Sturme.

Da die vielfachen Versuche Preußens, die streitige Sache wegen der Herzogthümer friedlich zu ordnen, an der Hartnäckigkeit und dem Hochmuthe Oesterreichs

geicheitert waren, erklärte endlich der preußische Mi-
nisterpräsident, Graf Bismarck, dem österreichischen Kabinet, daß Preußen sich nunmehr aller seiner bisher
geübten Rücksichten auf Oesterreich enthoben sähe und
namentlich in Bezug auf Verbindungen fernerhin nur
sein eigenstes Interesse befragen werde. Nicht lange
darauf brachten die Zeitungen die Nachricht, daß am
28. Februar zu Berlin eine Konseilsitzung unter Vorsitz
des Königs stattgefunden habe, zu der auch der Chef
des Generalstabes General v. Moltke zugezogen worden
sei. In dieser Konseilsitzung war, wie später bekannt
wurde, die Frage zur Erörterung gekommen, ob es für
Preußen an der Zeit sei, sich kriegsbereit zu machen;
diese Frage war verneint worden.

Obgleich nun das österreichische Kabinet auf erfolgte Anfrage von dem aus der erwähnten Berathung
hervorgegangenen Beschlusse in Kenntniß gesetzt wurde,
und auch nirgends Rüstungen in Preußen stattfanden, ge-
fiel es sich doch darin, jene Sitzung als eine Bedrohung
Oesterreichs anzusehen; die früher empfangene Erklärung
des Grafen Bismarck aber deutete es sich als eine
Drohung Preußens, mit Italien, dem Todfeinde Oesterreichs, in ein Bündniß treten zu wollen.

Bald vernahm man von umfangreichen, obwohl
sehr geheim betriebenen Rüstungen nicht nur in Oesterreich, sondern auch in Sachsen und Würtemberg. Zu

gleicher Zeit forderte Oesterreich in einer Circular-De-
pesche diejenigen Bundesstaaten, auf die es mit Sicherheit glaubte rechnen zu können, auf, sich in Kriegsbereitschaft zu setzen, da es beabsichtige, in Frankfurt
die Mobilmachung der Bundesarmee in Antrag zu
stellen.

Das Berliner Kabinet, das wachsamen Auges allen
Schritten seines nach Krieg verlangenden Gegners folgte,
empfing auch bald Kunde von dem letzten Schritte
desselben. Sofort legte es nun jenen Bundesstaaten
die Frage vor, ob sie bereit seien, falls von Seiten
Oesterreichs ein Angriff auf Preußen erfolge, dem
letzteren Bundeshülfe zu gewähren. Es kam dem
Berliner Kabinet bei diesem Schritt wohl wesentlich
darauf an, die Situation sich klären zu lassen, und
damit für seine ferneren Beschlüsse eine feste Grundlage
zu gewinnen. Auf die preußische Frage erfolgte in gleich-
lautenden Noten eine ausweichende Antwort.

Nun begann auch Preußen zu rüsten, jedoch durchaus
nicht in so umfassender Weise, als es von Seiten seiner
Gegner bereits geschehen war. Da lief unerwartet
(Anfang April) in Berlin eine Erklärung des Wiener
Kabinets ein, in der es bei Betheuerung seiner Friedens-
liebe den Vorschlag machte, beiderseitig die Abrüstung
zu beschließen. Preußen antwortete, Oesterreich möge,
wie es dasselbe bei der Rüstung gethan, auch in Betreff

der Abrüstung den Anfang machen, Preußen werde ungesäumt nachfolgen. Oesterreich sagte zu, und schon war ein Tag für den Beginn der Abrüstung festgesetzt, als man in Berlin plötzlich von außerordentlich umfassenden Rüstungen vernahm, die Oesterreich in seinem Süden (angeblich einzig und allein gegen Italien) ins Werk setzte. Der Hinweis auf Italien war ein Vorwand, und man war in Oesterreich thöricht genug, zu hoffen, Preußen werde sich auf so plumpe Weise täuschen lassen. Lag es doch auf der Hand, daß Oesterreich bei Durchführung seines Planes es in seiner Macht gehabt hätte, auf den ihm zu Gebote stehenden Verkehrswegen die stärkste Südarmee in kürzester Frist nach dem Norden hinaufzuführen, um sie dann in das nicht gerüstete Preußen verheerend einbrechen zu lassen.

Diese Verfahrungsweise Oesterreichs bewirkte erstens, daß der König Victor Emanuel von Italien sich nun auch in Kriegsbereitschaft setzte, und daß zweitens Preußen dem Wiener Kabinet erklärte, es erachte sich nur für den Fall an das friedliche Abkommen gebunden daß Oesterreich nicht nur in Böhmen und Mähren, sondern auch im Süden seines Reiches abrüste. Da Oesterreich darauf einzugehen sich weigerte, erfolgten nun in Preußen umfassende Rüstungen.

Vierzehn Tage genügten, um die preußische Armee in der beabsichtigten Stärke zur Aufstellung gelangen

2

zu laſſen. Anfang Juni ſtand ſie dem Gegner kampf-
fähig gegenüber, der ſich nun, obgleich er ſechs
Wochen früher mit den Rüſtungen begonnen hatte, in
der Kriegsbereitſchaft überholt ſah. Inzwiſchen wurde
auch noch in anderen, als den oben ſchon genannten
Kleinſtaaten gerüſtet, und es traten die leitenden
Miniſter derſelben zu beſonderen vertraulichen Berathungen (in Bamberg) zuſammen.

Gegen Italien glaubte Oeſterreich durch ſein be-
rühmtes Feſtungsviereck in Venetien hinlänglich ge-
deckt zu ſein, meinte ſich daher mit ganzer Wucht auf
Preußen werfen zu können. Seine Staatsmänner
träumten von der Niederwerfung Preußens, von der
Niederwerfung des jungen Italiens und von der hier
wie dort erfolgenden Aufrichtung der alten Macht
Oeſterreichs.

Die europäiſche Welt war von der Vorſtellung des
in Ausſicht ſtehenden Krieges, der eine furchtbare Ge-
ſtalt anzunehmen drohte, nicht wenig erregt. Jetzt
ſchon ſtanden ſich weit über eine Million Krieger kampfbereit gegenüber, und noch war nicht abzuſehen, ob und
wie weit Frankreich in dem Kampfe, falls dieſer wirk-
lich ausbrechen ſollte, eingreifen würde. Napoleon hatte
in einem Schreiben an ſeinen Miniſter des Auswär-
tigen eine Art Programm aufgeſtellt. In demſelben
ward Preußens Beſtreben, beſſere Grenzen zu erhalten,

gebilligt, ebenso aber auch Oesterreichs Absicht, in Deutschland seine hervorragende Stellung zu behaupten, gut geheißen, und endlich den deutschen Mittelstaaten das Recht zugesprochen, unter sich eine besondere Verbindung herzustellen. Dieses Programm war ein politisches Sphinx-Räthsel, das die verschiedenartigsten Auslegungen fand. Die verbreitetste Ansicht ging dahin: Napoleon rechne darauf, daß ein Krieg zwischen Preußen und Oesterreich ausbrechen, daß ein — wahrscheinlich lange währendes — Ringen auf Leben und Tod stattfinden, jedoch keine der beiden Mächte im Stande sein werde, die andere vollständig niederzuwerfen. Seien endlich — so ward weiter gemuthmaßt — beide Mächte genugsam geschwächt, so werde Napoleon mit starker Heeresmacht den Kriegsschauplatz betreten, den Frieden dictiren und sich auf Kosten Deutschlands bezahlt machen. Eine solche Haltung entspreche, wie die Geschichte lehre, vollständig den Traditionen der französischen Politik, und namentlich werde ein Napoleonide nimmermehr eine so günstige Gelegenheit, Frankreich zu vergrößern, unbenutzt vorübergehen lassen.

Die Kriegsaussichten wirkten wie ein Sturm vor dem Gewitter, der durch aufgewühlten Staub den Himmel verfinstert, und es war namentlich die industrielle Welt, die von schweren Besorgnissen heimgesucht ward. Aller Orten begann die gewerbliche Thätigkeit zu

2*

stocken, es stand in Aussicht, daß zahllose Geschäfts-
leute in Armuth versinken, Legionen von Arbeitern
brotlos werden würden. Dies führte zu Friedens-
demonstrationen im Großen wie im Kleinen, im In-
lande wie im Auslande, auch in den gewerblichen Kreisen
Frankreichs, in denen die Meinung sich festgesetzt zu
haben schien, Napoleon sei der eigentliche Hintermann
der ganzen Bewegung, namentlich stehe er, in so weit
es sich um den Beginn des Streites handle, im Einverständniß mit dem Grafen Bismarck, der den Krieg
um jeden Preis herbeiführen wolle, und es handle sich
im Grunde um nichts, als um eine verwerfliche Er-
oberungspolitik.

Um den bezeichneten Annahmen, die auch ander-
wärts gehegt wurden, zu begegnen, forderte Napoleon
England und Rußland auf, in Gemeinschaft mit ihm
Preußen, Oesterreich und Italien einzuladen, ihre streiti-
tigen Angelegenheiten vor einen Friedens-Kongreß zu
bringen, der von den europäischen Hauptmächten ge-
bildet werden sollte.

Preußen und Italien antworteten sofort zustimmend,
Oesterreich machte seine Zustimmung von einer Bedingung abhängig, die jene wieder aufhob. Seine Forderung ging dahin, auf dem Kongreß von vorn herein
jegliche Berathung über Gebietsveränderungen auszu-
schließen.

Unter diesen Umständen ließ Napoleon seine Kongreß-Idee fallen. Gleichzeitig war Oesterreich einen Schritt weiter gegen Preußen vorgegangen: es hatte die Schleswig-Holsteinische Angelegenheit dem Bundestage zur weiteren Beschlußnahme übergeben und war damit von dem Gasteiner Vertrage thatsächlich zurückgetreten. Auch hatte der österreichische Feldmarschall-Lieutenant Gablenz von Wien aus den Befehl empfangen, die holsteinischen Stände einzuberufen.

Diesem politischen Schachzuge Oesterreichs folgte sofort ein entsprechender preußischer. Oesterreich war vom Gasteiner Vertrag zurückgetreten; gut, so galt der frühere Wiener Vertrag, nach diesem aber wurden die Herzogthümer durch eine gemeinsame provisorische Regierung verwaltet. Dies wurde preußischer Seits erklärt, General von Manteuffel empfing von Berlin aus den Befehl, in Holstein einzurücken und sich mit dem Feldmarschall-Lieutenant Gablenz über die Herstellung der gemeinsamen Regierung zu verständigen. Dies Alles sollte in friedlicher Weise vor sich gehen, und es war namentlich den preußischen Truppen aufs Ernsteste eingeschärft worden, sich aller Feindseligkeit gegen die österreichische Besatzung Holsteins zu enthalten. Der Feldmarschall-Lieutenant Gablenz wartete jedoch den Einmarsch der Preußen nicht ab, sondern verließ sofort Kiel und zog seine Truppen bei Altona zusammen; der Herzog von Augustenburg folgte ihm dahin.

Nun hielt Oesterreich die Zeit für gekommen, zunächst seine Vasallen gegen Preußen aufzubieten. Trotz der friedlichen Erklärung des Generals Manteuffel ward von Seiten Oesterreichs am Bundestage der Einmarsch der Preußen in Holstein als eine Gewaltthat, als ein Act der Selbsthülfe dargestellt und der Bundestag aufgefordert, die Mobilisirung der Bundesarmee zu beschließen.

Dies war ein ungesetzlicher Act. Gegen Bundesmitglieder ist — unter entsprechenden Umständen — in der Bundesverfassung ein sogenanntes Exekutionsverfahren vorausgesehen, eine Mobilmachung der Bundesarmee dagegen ist nur gegen einen äußern Feind zulässig. Die Abstimmung war auf den 14. Juni festgesetzt, und es sollte sich nun zeigen, ob die Mehrzahl der Kleinstaaten in ihrer Verblendung und ihrem Hasse gegen Preußen so weit gehen würden, jenem Antrage Oesterreichs, dessen Aufstellung — es sei dies noch einmal erwähnt — schon eine Ungesetzmäßigkeit in sich schloß, zuzustimmen.

Damit die preußische „Gewaltthat" einen noch grelleren Schein gewinne, hatte Gablenz mit seinen Truppen Holstein schon vor dem 14. Juni gänzlich geräumt; ihm war der Augustenburger, der seit Jahren eine so überaus klägliche Rolle gespielt hatte, gefolgt, und die Herzogthümer befanden sich nun in dem that-sächlichen Besitz Preußens.

Diese Vorgänge erhöhten den Haß Oesterreichs und seiner Anhänger gegen Preußen um Vieles, und das Ergebniß der Abstimmung, wenn eine solche wirk-lich stattfand, ließ sich um so sicherer voraussehen. Es kam denn auch am 14. Juni zu Frankfurt ein Ergebniß zu Stande, wie Oesterreich es wünschte. Zu seinen Gunsten — mithin gegen Preußen — stimm-ten Bayern, Würtemberg, Sachsen, Hannover, Kur-hessen, Großherzogthum Hessen, Nassau und die 16. Kurie, diese jedoch nur, weil durch den Vertreter der-selben, Victor von Strauß, eine Mandatsfälschung be-gangen wurde. Eine offenbare Fälschung, wo Oester-reich schon so viele verdeckte begangen hatte — was that das! —

Unter den Herren Gesandten, die so tapfer gegen Preußen abgestimmt hatten, herrschte eine wahre Sie-gesfreude. Daß sie gegen den ferneren Bestand des Bundes und zum Nachtheil ihrer selbst abgestimmt hatten, vermochten sie natürlich in ihrer Verblendung nicht zu übersehen; aber sie sollten es in kürzester Zeit erfahren.

4.

Ausbruch des Krieges.

Für Preußen handelte es sich nunmehr um Sein oder Nichtsein. Die Lage, in der es sich thatsächlich befand, war eine äußerst schwierige, die auch vielfach unter der Bevölkerung entsprechende Besorgniß hervorrief. Ganz abgesehen von den Absichten, mit denen sich, wie man fürchtete, Napoleon trug, mußte man sich doch auch sagen, daß die an und für sich schon nicht zu unterschätzende kriegerische Kraft Oesterreichs sich nun durch den Bund, der ihm etwa 150,000 Mann zur Verfügung stelle, in einem für Preußen bedenklichen Maße verstärkt habe. Dazu kam, daß ein Theil der Feindeskräfte seine Stellung zwischen den Haupttheilen des preußischen Staates hatte, was für den feindlichen Angriff eben so günstig, wie für die Vertheidigung unvortheilhaft war.

Nun begann die preußische kriegerische Action und zwar vom ersten Augenblicke an mit einer Schnelligkeit und Sicherheit, die alle Welt in Erstaunen setzte.

Schon an dem Tage nach der oben bezeichneten Abstimmung am Bunde hatte der Graf Bismarck an

die Könige von Sachsen und Hannover und den Kur-
fürsten von Hessen die Anfrage gestellt, ob sie in dem
nunmehr zwischen Preußen und Oesterreich entbrennen-
den Kampfe sich zur Neutralität verpflichten, ihre Truppen
auf den Friedensfuß zurückführen und versprechen wollten, die von Preußen ausgehende Bundesreform zu
unterstützen, bei der Oesterreich, das der Mehrzahl
seiner Bevölkerung nach als eine außerdeutsche Macht
zu betrachten sei, nicht hinzugezogen werden dürfe.
Auf die sofort erfolgten ablehnenden Antworten war noch
an dem Abende desselben Tages an die genannten drei
Fürsten der Krieg erklärt worden.

Drei Tage darauf hatte sich die Situation in Sachsen, Hannover und Kurhessen in ungeahnter Weise geändert: die preußischen Truppen hatten diese Länder
besetzt, die beiden Könige waren mit ihren Schätzen
geflohen, der Kurfürst von Hessen befand sich in preußischer Gefangenschaft. Letzteren hatte der vergebliche
Versuch, des von der Bürgerschaft bewachten Staats-
schatzes sich zu bemächtigen, um die zur Flucht günstige
Zeit gebracht. Zwei Königreiche und ein Kurfürstenthum — und damit äußerst wichtige Positionen in
Bezug auf den ausbrechenden Krieg — waren, und
noch dazu ohne daß ein Tropfen Blut vergossen worden war, im Nu in den Besitz Preußens gekommen.

Doch das war die leichte Arbeit, die schwere sollte

nun erst anheben. Zwei Gewitterwolken ballten sich zusammen, um ihre Blitze gleichzeitig gegen Preußen auszusenden: das österreichische Heer im Süden von Schlesien und Sachsen her, und die Bundesarmee, die sich in der Nähe von Frankfurt am Main sammelte. Zwanzigtausend Sachsen überstiegen das Erzgebirge, um in der Reihe der Ungarn, Slaven und Kroaten gegen Preußen zu kämpfen; der blinde König von Hannover machte den Versuch, mit seiner 18 — 19,000 Mann zählenden Armee den Weg auf Frankfurt zu gewinnen, um seine Truppen der in der Formirung begriffenen Bundesarmee einzureihen.

Das waren Tage, an welchem der preußische Adler scharfen Blickes nach allen Seiten umher spähen mußte, um sich keinen Vortheil entgehen zu lassen!

Das preußische Volk aber in Stadt und Land, in Palast und Hütte lauschte ernsten Blickes und klopfenden Herzens der Dinge, die im Anzuge waren. Niemand ahnte, wie inhaltsschwer die Kriegsnachrichten sein würden, die in den nächsten Tagen schon mit donnernden Flügel-schlägen und in ununterbrochener Reihe durch Preußen, durch Deutschland, durch Europa eilen, ja ihren Flug durch die Welt nehmen sollten. Wahrlich, die letzte Zeit des Juni und die erste Zeit des Juli des Jahres 1866 umschließt Tage, die für alle Zeit den denkwürdigften und ehrenreichsten der Geschichte Preußens und Deutschlands sich anreihen.

Wie es schien, war in der preußischen Bevölkerung die Meinung vorherrschend, es hätten die beiden preußischen Armeen, von denen Sachsen im Fluge besetzt worden war (die Elb-Armee unter General Herwarth von Bittenfeld und die erste Armee unter Friedrich Karl), sowie die zweite preußische Armee unter dem Kronprinzen ihre Aufstellung an der Grenze Böhmens lediglich zum Zweck der Abwehr des Feindes genommen, von dem mit großen Worten verkündigt worden war, daß Berlin der Zielpunkt seiner Kriegsoperationen sei.

Ueber das, was auf dem westlichen Kriegsschauplatz gegen die Bundesarmee etwa geschehen würde, hatte man gar keine Vorstellung; man hörte nur, General Vogel von Falckenstein werde dort die Kriegsoperationen teilen und wahrscheinlich zunächst die Vereinigung der hannoverschen Armee mit der Bundes-Armee zu verhindern und erstere aufzuheben suchen.

Die Annahme, daß die gegen Böhmen vorgeschobenen Armeen sich auf die Abwehr des Feindes beschränken würden, hatte um deswillen viel für sich, weil Böhmen ein von der Natur gebildetes großes Festungswerk ist, auf das, bei einigermaßen guter Vertheidigung, ein Angriff außerordentliche Schwierigkeiten darbietet. Gebirgskämme bis zu einer Höhe von 4—5000 Fuß erheben sich im Often, Norden und Westen und fallen nach der Mitte zu allmälig ab. Die Thäler sind tief eingeschnitten und enge, die Wege winden sich schlangenartig, bald nach rechts und links, bald auf und nieder und stoßen überall auf Engpässe, die leicht zu vertheidigen, aber äußerst schwer zu nehmen sind.

Dennoch brachen die preußischen Armeen ungesäumt in das Land ein, um den Feind aufzusuchen und sich mit ihm zu messen. Am 22. Juni kündigte Prinz Friedrich Karl seinen Soldaten in einem Armeebefehl den Einmarsch in Böhmen an. „In diesem Kriege," heißt es in dem Armeebefehl, „handelt es sich — Ihr wißt es, um Preußens heiligste Güter und um das Fortbestehen unsers theuren Preußens. Der Feind will es ausgesprochenermaßen zerstückeln und erniedrigen, die Ströme von Blut, welche Eure und meine Väter unter Friedrich dem Großen und in den Befreiungskriegen und wir jüngst bei Düppel und auf Alsen dahin gegeben haben, sollen sie umsonst vergossen sein? — Nimmermehr."

Am folgenden Tage überschritt die erste Armee mit lautem Hurrahruf die böhmische Grenze, gleichzeitig erfolgte auch der Einmarsch der Armee unter Herwarth.

Hören wir über den Einmarsch der ersten Armee den Bericht eines Augenzeugen, des militärischen Bericht-

erstatters der Times*): „Die Straße war bedeckt von
einem fast ununterbrochenen Strome von Infanterie-
Regimentern, Batterien, Kavallerie-Abtheilungen, Mi-
litairwagen und einer langen Linie von zur Ergänzung
aus der Umgegend requirirtem Fuhrwerk, während eine
dicke Staubwolke, die zur Linken eine halbe Stunde
entfernt aufstieg, uns zeigte, daß eine gleich starke
Heeressäule dort vorwärts drang. Die Hitze war
groß, und der Staub, der sich in dichten Wolken unter
den Füßen erhob, hing schwer über den Marschcolonnen,
aber die Mannschaft schritt wohlgemuth fürbaß und
schien nicht von Ermüdung zu leiden. Ein Regiment,
das 9., ist eben hier eingezogen mit klingendem Spiel
und in geschlossenen Gliedern. Ohne den Staub auf
dem Rücken könnte man glauben, daß sie den Marsch
anzutreten eben im Begriffe ständen, statt davon her-
zukommen. Der Marsch war vortrefflich arrangirt:
nichts von Verwirrung, und Halt hatte man blos zu

---

*) Wir halten es für zweckmäßig, uns auf Urtheile
gerade solcher auswärtiger Zeitungen zu stützen, die noch
kurz vor Ausbruch des Krieges eine feindliche Haltung gegen
Preußen einnahmen, und die nur durch die augenschein-
lichsten Thatsachen eines Bessern belehrt werden konnten.
Ein dem Gegner abgezwungnes Lob wiegt ja doppelt
schwer.

machen, um den Leuten die nöthige Rast zu gönnen.
Das Gefähr der Trains wurde sorgfältig auf einer
Seite der sehr breiten Chaussee gehalten, so daß die
andre für die Truppen frei blieb. Die Soldaten
marschirten in gehobener Stimmung, denn sie wußten,
daß jeder Schritt sie näher an den Feind bringt, und
sie verlangen nach dem Kampfe. Das Landvolk, das
am Wege arbeitet, tauschte manch freundlich Wort mit
den Leuten und gab ihnen aufrichtig gemeinte Wünsche
mit auf den Weg, denn die in den sächsischen Dörfern ein-
quartirt gewesenen Preußen haben sich bei den Bewohnern
sehr beliebt gemacht. Nie ward ein Marsch besser geführt.
Die Ernte, welche die Straße in ihrer ganzen Länge
säumt, wurde an keiner einzigen Stelle niedergetreten.
Obgleich die Straße vollgedrängt und staubig war,
so verließen die Leute sie doch nie, und im Falle Halt
gemacht wurde, wo Getreide am Wege stand, so ent-
fernte sich kein Mensch weiter von der Marschlinie,
als um sich auf dem schmalen Grasrain, der die
Chaussee von den Feldern trennt, niederzusetzen." —
„Heut," schreibt derselbe militärische Berichterstatter
Tag's darauf, „hat die erste preußische Armee die böhmische Grenze überschritten. Die Truppen waren früh
unter Waffen und traten nach Tagesanbruch in Reih
und Glied. Von den Quartieren bis zur Grenze
war noch manche Wegestunde zurückzulegen. Bald nach

7 Uhr Morgens waren, nahe der Grenze, doch noch auf sächsischem Boden, die Colonnen formirt; der Prinz Friedrich Karl langte kurz vor 8 Uhr an der Grenze an und nahm bei einem Zollhause seine Stellung, um die Truppen herüber marschiren zu lassen. Kaum war er daselbst angelangt, so ertheilte er die nöthigen Befehle, und wenige Augenblicke später hatten die Ulanen, welche die Avantgarde bildeten, die Grenze überschritten. Dann folgte die Infanterie. Als die vordern Reihen jedes Bataillons den ersten Punkt des Weges erreichten, an welchem sie die als Grenzbezeichnung dienenden österreichischen Farben zu Gesichte bekamen, erhoben sie einen Freudenruf, der sogleich von den hinteren Reihen aufgenommen und immer aufs Neue wiederholt wurde, bis die Leute das Zollhaus erreichten und ihren Soldaten-Prinzen auf der Grenzscheide stehen sahen; bei seinem Anblicke ging das bisher ausgestoßene Hurrahrufen in ein jubelndes Entzücken über, dessen laute Demonstrationen nur endlich aufhörten, um durch den Gesang eines Kriegsliedes ersetzt zu werden. Der Prinz Friedrich Karl selbst stand ruhig und gesammelt an der Landstraße; doch blickte er mit Stolz auf die vorüberziehenden Abtheilungen, — und wohl durfte er Stolz fühlen, denn noch nie überschritt eine Armee eine feindliche Grenze besser ausgerüstet, besser verpflegt und von höherem Muthe beseelt, als die, welche heut aus

Sachsen marschirte. Genau vor einer Woche zog diese selbe Armee kampfbereit in Sachsen ein, innerhalb dieser Zeit ist Sachsen vollständig occupirt worden, und gestern war die Mehrheit dieser Truppen wiederum concentrirt, um in Böhmen einzurücken. Die rapide Concentration hat Leistungen hervorgebracht, die für Truppen, die zum ersten Male ins Feld ziehen, ganz unerhört sind. So marschirte z. B. ein Husaren-Regiment drei Tage hintereinander große Distanzen, legte gestern gegen elf deutsche Meilen zurück und war heut wieder in der Marschlinie, die Pferde in trefflichem Zustande und die Mannschaften aussehend, als ob sie eben erst ausrücke."

Auch die Schlesische (2.) Armee unter Führung des Kronprinzen hatte sich bereits in Bewegung gesetzt, um von Osten her in Böhmen einzurücken. Der Plan der Ober-Generäle ging dahin, sich in der Ebene, die das Quellgebiet der Iser und Elbe bildet, zu vereinigen, deren Wichtigkeit schon von Friedrich dem Großen anerkannt worden war. Als selbstverständlich wurde vorausgesetzt, daß der österreichische Feldmarschall Benedek Alles daran setzen würde, die beabsichtigte Vereinigung zu verhindern: wo und in welcher Weise dem Vordringen der einzelnen preußischen Armeen zunächst Widerstand entgegen gesetzt werden würde, war abzuwarten. Die Armee des Prinzen Friedrich Karl fand

bis hinter Reichenau keinen Feind, die Elb-Armee unter
Herwarth stieß erst bei Hühnerwasser (zwei Meilen
nord-westlich von Münchengrätz) auf feindliche Vor-
posten, und sie konnte sich nach Beseitigung geringen
Widerstandes mit der Armee des Prinzen Friedrich
Karl vereinen.

Ein äußerst schwierig durchzuführendes Unternehmen
war der Vormarsch der von dem Kronprinzen befehligten
zweiten oder schlesischen Armee. In vereinzelten Colonnen mußten die Pässe durchschritten werden, wodurch
die Heereskraft zersplittert wurde. Richtete sich der
Feind etwa darauf ein, den Gegner an den Ausgängen der
Pässe zu empfangen, so konnten nur die äußersten
Spitzen den Kampf aufnehmen, für die es dann galt,
den meilenlangen Colonnen Raum und Zeit zu ihrem
Hervortreten zu erkämpfen. Es scheint nun Benedek's
Absicht gewesen zu sein, die Armee des Kronprinzen durch
Gegenüberstellung eines entsprechenden Heerestheils in
das Gebirge zurückzudrängen, sie dort festzuhalten und
dann mit zusammengefaßter Kraft sich auf die erste
und die Elbarmee zu werfen und sie vor ihrer Vereinigung einzeln zu vernichten. Die Vereinigung der
beiden eben genannten Armeen hatte er aber nicht zu
verhindern vermocht, und daß es auch nicht in seiner
Macht liege, die schlesische Armee in die Pässe zurück-

zutreiben und ihr dann die Wege zu versperren, sollte
er bald genug erfahren.

Am 26. Juni traf die Avantgarde der ersten Armee
bei Libenau eine feindliche Abtheilung, von der eine
Höhe besetzt war, die passirt werden mußte. Der
Feind wurde verjagt, in der Nacht darauf von der
Division Horn ein mit Erfolg gekrönter Ueberfall auf
eine feindliche Brigade unternommen und Turnau genommen. Eben so erstritt sich eine kleine Zahl Tapfrer
gegen Uebermacht auf österreichischer Seite die Brücke
von Podol.

Auch auf der östlichen Seite Böhmens entbrannten
nun heftige Gefechte, und wahrlich, die Tage vom 27.
bis 29. Juni werden in der Geschichte Preußens stets
unvergessen sein! Nicht weniger als vier Corps waren
von Benedek dazu ersehen, die Armee des Kronprinzen
auf dem böhmischen Boden zu empfangen. Schon am
Abende des 26. Juni hatten sich bei Nachod kleine Gefechte entsponnen. Am nächsten Morgen gegen zehn
Uhr stieß die preußische Avantgarde unter dem General-
Major von Löwenfeldt auf starke feindliche Heerhaufen,
und es kam zu einem auf preußischer Seite von dem
General von Steinmetz geleiteten blutigen Kampfe.
Der Feind hatte seine ganze Streitmacht frei, au
Seiten der Preußen war dies eben aus oben ange-
führten Gründen nicht der Fall. Von den Oesterreichern

war ein heftiges Artilleriefeuer eröffnet worden, zwei
Küraffier-Regimenter rückten langsam herbei. Auf
Seite der Preußen hatten nur erst zwei Schwadronen
und wenige Bataillone die Straße passirt, der Hohlweg war durch Geschütze und Wagen vollständig ge-
sperrt. Die zuerst herausgekommene Artillerie nahm
den Kampf gegen die übermächtige Artillerie des Feindes
auf, die Bataillone besetzten die nächsten Waldsäume,
die beiden Schwadronen aber stürzten sich auf die
feindlichen Küraffier-Regimenter. Nach heftigem Kampfe
wurden die Schwadronen geworfen. Um diese Zeit
erschien der Kronprinz an der Spitze seines Stabes
auf dem Kampfplatze, doch nur mit Mühe vermochte
er durch die Geschütze und Wagen der Artillerie hin-
durchzukommen Als er eben den Ausgang erreicht hatte,
da brauste die geworfene Kavallerie, lebhaft von den
Oesterreichern verfolgt, den Weg herunter und mitten
hinein in den gestopften Hohlweg. Gelang es der österreichischen Kavallerie, weiter vorzudringen, oder den an-
rückenden Bataillonen, sich des Waldes zu bemächtigen,
so war der größte Theil der westwärts stehenden Infanterie verloren, wahrscheinlich auch die ganze Artillerie.
Aber jeder Soldat fühlte, um was es sich hier handelte, und alle Anstrengungen der Oesterreicher vermochten nicht, die Bataillone aus den Wäldern zu ver-
drängen. Die folgenden preußischen Bataillone arbei-

3*

teten sich durch die Artillerie durch, und schnell gesammelt, wurden sie rechts und links auf die Höhen geführt. Rasch ging es nun an die Herstellung der
Ordnung in den Pässen. Die Wagen wurden auf die
Seite geschoben, und allmälig fand sich Platz, die
nachrückenden Bataillone zum Angriff vorgehen zu lassen.
General von Steinmetz traf im heftigen Kugelregen
mit größter Ruhe seine Anordnungen. Jetzt fuhren
einige Batterien auf und sicherten die gewonnene Stellung. Es war zwölf Uhr geworden. Noch standen
die österreichischen Kavallerie-Regimenter und erschwer-
ten das Vordringen der Infanterie auf der Ebene.
Inzwischen war es gelungen, das 1. Ulanen-Regiment
und das 8. Dragoner-Regiment herauszubringen, und
rasch geordnet, gingen die beiden Regimenter zur Attaque
vor. Es war ein bedeutender Moment! Zum ersten
Male sollten wieder preußische Schwadronen sich mit
jener Kavallerie messen, die sich mit seltener Ueber-
hebung stets als die erste Europas ausposaunt hatte!
Aber daß der Geist Seidlitz's, Ziethen's und Blücher's
noch in unserer Kavallerie lebt, hat sich hier glänzend
bewiesen. Beim ersten Anprall wurden die Oesterreicher,
obgleich bedeutend stärker (die preußischen Regimenter
gingen nur mit 3 Escadrons vor) gänzlich geworfen,
und beide mußten ihre Standarten den Preußen überlassen. Bei diesem Kampfe wurden der Commandeur

General-Major von Wnuck verwundet, der Major von
Natzmer fiel. Die Schlacht war zum Stehen gekommen, die Gefahr vorüber. Das aber genügte dem General von Steinmetz nicht; er wollte die Oesterreicher
nicht nur abschlagen — es galt ihm, sie zu besiegen.
Die Reserve-Artillerie fuhr auf, die Infanterie avan-
cirte mit Hurrah und gefälltem Bajonnet. Der General von Ollech wurde dabei schwer verwundet. Ueberall
wich der Feind vor den heranstürmenden Bataillonen, nur beim Ausgange des in Flammen stehenden
Dorfes Wisokow kam es zum Handgemenge, das kurz,
aber für die Oesterreicher vom verderblichsten Ausgange
war. Inzwischen hatten die Kürassiere sich wieder gesammelt und gingen zum Angriff über. Die Ulanen,
auf deren Flanke die Kürassiere eindrangen, mußten
schwenken und aufmarschiren; aber mit seltener Schnelligkeit war die neue Front gewonnen, und wieder jagten
die Tapfern auf die Kürassiere ein. Die österreichische
Kavallerie wurde geworfen, versprengt und verschwand
vom Schlachtfelde. Die siegreich nacheilenden Ulanen
eroberten noch zwei Geschütze.

Jetzt war das Schicksal des Tages entschieden. Die
Oesterreicher, die noch die Fahne des 1. Bataillons
vom Regiment Deutschmeister den Preußen überlassen
mußten, wichen zurück. Der General von Steinmetz führte
seine Truppen vor, nur das Königs-Regiment in der

Reserve haltend. Die Ermüdung der Truppen, die einen starken Marsch und ein äußerst heftiges Gefecht bestanden hatten, zwang endlich, Halt zu machen, und es wurde die Verfolgung nur durch die Kavallerie und einige Bataillone fortgesetzt. Wie erschüttert der Feind war, ergab die Verfolgung, denn schaarenweise wurden verwundete Oesterreicher, die ihre Gewehre weggeworfen, als Gefangene eingebracht. („Wir haben sie wie die Hammel zusammengetrieben," meinten die, die Gefangenen zurückführenden Preußen.) 2000 Gefangene wurden bei Nachod untergebracht, bei der Verfolgung noch drei Kanonen erbeutet. Hocherfreut stellte der Kronprinz unserer Reiterei das Zeugniß aus, daß sie sich der so gerühmten österreichischen Reiterei überlegen gezeigt habe, und dankte dem General von Steinmetz im Namen des Königs für diesen schönen Sieg. In Wahrheit kann man wohl sagen, daß er schwer zu erringen war; denn der General hatte einem 29 Bataillone starken Feinde nur 22 Bataillone entgegen zu stellen, die erst nach und nach sich aus den Hohlwegen hervorarbeiten mußten. Der Verlust der Oesterreicher betrug 2000 Gefangene und ebenso viele Todte und Verwundete; außerdem verloren sie 3 Fahnen und 5 Kanonen. Die Preußen verloren an Todten und Verwundeten 800 Mann.

Während so bei Nachod gekämpft wurde, rückte das

erste Armee-Corps gegen Trautenau vor. Die furchtbare Hitze machte den Marsch auf der einzigen Straße
höchst beschwerlich. Kaum in Trautenau angekommen,
wurden die Bataillone gegen den Feind vorgeführt,
und in raschem Vorgehen dieser von Kuppe zu Kuppe
zurückgetrieben. Aber immer neue Truppen rückten zur
Unterstützung des Feindes herzu, und immer schwieriger
wurde es den vorgegangenen Truppen, die gewonnene
Stellung zu halten. Dazu kam noch, daß in der Stadt
verborgene Bürger und Soldaten aus den Häusern ein
heftiges Feuer gegen die, die Stadt durchziehenden
Bataillone eröffneten. Inzwischen gelang es preußischerseits, noch einige Bataillone heranzuziehen; das
Feuer in der Stadt schwieg bei energischem Auftreten,
und der Feind, der jetzt zwei ausgeruhte Brigaden ins
Gefecht geführt hatte, wurde zurückgedrängt. Die
Windischgrätz-Dragoner suchten dem Gefecht eine für
den Feind günstige Wendung zu geben, aber das 1. preußische Dragoner-Regiment trabte gegen sie vor. Dieses
Regiment, die alten Lithauer York's, bewährten sich auch
hier. „Sie gingen über die Windischgrätz-Dragoner
gut zur Tagesordnung über" berichtet ein Augenzeuge.
Das berühmte Regiment Windischgrätz-Dragoner verschwand vom Schlachtfelde. Leider stürmten die tapfern
Lithauer zu eifrig nach, und ins Klein-Gewehrfeuer

gekommen, mußten sie ihren Rückzug unter Verlust
einer Zahl von Pferden antreten.

Es war drei Uhr; das Gefecht stand sehr günstig,
überall hatte man den Feind zurückgedrängt. Um
diese Zeit erschien ein Offizier des Generalstabes und
meldete, daß bei Kwalisch die 1. Garde-Infanterie-
Division stände und bereit sei, herzu zu rücken. Der
commandirende General aber glaubte das Gefecht be-
endet. Der Feind war zurückgedrängt. Das Gefecht
stand vor Trautenau noch auf demselben Punkt, die
Preußen drangen langsam vor, den Oesterreichern großen Schaden zufügend und viele Gefangene machend.
Etwa um vier Uhr jedoch fuhr der Feind plötzlich viel
Artillerie auf. Gleichzeitig ging der Feind mit großen
Massen auf der Straße von Pilnikau vor. Der Erfolg war zuerst nur gering, denn vor dem Schnellfeuer
der eingenisteten Schützen stutzte der Feind und vermochte nicht, weiter vorzukommen. Der General von
Bonin aber sah immer neue Massen sich heranziehen,
er bemerkte gleichzeitig die Ermattung seiner Truppen,
die seit frühem Morgen marschirt und seit acht Stunden im heftigen Gefechte waren. Es schien ihm daher
nicht richtig, das gefährliche Defilée im Rücken, einen
Kampf fortzusetzen, der ihm als alleinige Frucht nur
ein Zurückdrängen der Oesterreicher bringen konnte,
der aber, wenn der Feind sich noch verstärkte, für ihn

verhängnißvoll werden könne. Daher ging er Schritt
für Schritt hinter das Defilée zurück. Der Feind
hatte zu sehr gelitten, um ihm folgen zu können.

Die beiden Garde-Divisionen hatten an diesem
Tage ihren Marsch nach Eipel und Kostelez fortgesetzt,
ohne auf einen Feind zu stoßen. Noch in der Nacht
ging die Nachricht vom Gefecht bei Trautenau dem
Prinzen August von Würtemberg zu, und er beschloß,
sofort den Feind anzugreifen. Am 28. Juni, früh
3 Uhr, brachen die Garden auf. Der Feind wurde
zum Theil noch im Bivouak überrascht und, die ersten
Truppen schnell über den Haufen werfend, blieben die
Garden stets im Vorrücken. Inzwischen aber hatte
der Kanonendonner die feindliche Hauptmacht erweckt.
Der Feind ordnete sich schnell und brachte seine Artillerie
in Gefecht, die, 64 Geschütze stark, ihre Geschosse den
mit Hurrah und meist im Laufschritt vorrückenden Bataillonen entgegenschleuderten. Die Garden nahmen mit
2 Geschützen den Kampf mit den 64 feindlichen auf
und blieben fortgesetzt im Vorrücken.

Während die 1. Garde-Division in dieser Weise
vorwärts drang, ging die 2. (Grenadier-)Division auf
Rautsch vor, unaufhaltsam über Schluchten und Berge.
— Das 2. Bataillon „Franz" hatte beim Erstürmen
einer Höhe, auf der eine Batterie auffahren sollte, furchtbare Verluste. Es fielen der Commandeur, Major

v. Gaudy, auch die meisten Compagnie-Chefs. Aber
den schwer ringenden Grenadieren eilte unter jubelndem
Hurrah ein Bataillon vom Schwester-Regiment, dem
Regiment Königin Augusta, zu Hülfe. Beide Bataillone drangen nun so unaufhaltsam vorwärts, daß die
andern Regimenter der Garde-Division gar nicht mehr
ins Feuer kamen.

Ueber Staudenz hinaus wälzte sich der Kampf auf
Burkersdorf. Auch die erste Garde-Division war im
starken Vorrücken geblieben. Der Feind wurde von
Position zu Position getrieben, in denen er sich ver-
geblich vor den Bajonetten der Grenadiere und Füsiliere
sicher glaubte.

Der 28. Juni hat das Gablenz'sche Corps aufgelöst. Gingen auch noch einige Bataillone geordnet
vom Schlachtfelde zurück, so zeigte doch die Straße
nach Königinhof, wie bald sich ihre Ordnung aufgelöst
hatte. Da lagen Tornister, Gewehre, Wagen aller Art
im wirrsten Durcheinander, und die Gefangenen wurden
in Massen eingebracht. Mit dem Verlust von etwa
1000 Mann haben die Garden hier einen schönen Erfolg errungen, denn der Feind verlor 4—5000 Todte
und Verwundete und 5000 Gefangene, 3 Fahnen und
10 Geschütze. Die Auflösung des Gablenz'schen Corps
war derartig, daß am andern Tage in Eile ein Regiment (Coronini) vom 4. österreichischen Corps gegen

Königinhof vorgeschoben wurde, um die Arrière-Garde
zu bilden, da das Gablenz'sche Corps dazu nicht im
Stande war. Aber auch dieses Regiment erlag einem
Angriff der Avant-Garde des Garde-Corps und hatte
Noth, das rechte Elbufer zu erreichen. Der Anblick der
Stadt Trautenau war furchtbar; die Einwohner hatten
sich zumeist geflüchtet, die Häuser, aus denen auf die
Preußen geschossen worden, waren beim Stürmen der
Stadt arg mitgenommen.

Militärische Berichterstatter, die später die Schlachtfelder besuchten, können bei Vorführung einer und der
andern Oertlichkeit nicht lebhaft genug ihr Staunen
ausdrücken, daß es den Preußen möglich geworden ist,
sie zu nehmen. So sagt Ferd. Pflug: „Das eigentliche
Schlachtfeld des ersten Schlachttages von Trautenau
sind die Höhen, welche südöstlich von der Stadt und
hart über derselben emporragen, mit dem deren End-
punkt bildenden Kapellenberge, wie die Thäler und
Gründe jenseits derselben. Es ist das eine der Stellungen, von welchen man nicht begreifen kann, wie auch
die unübertrefflichste Tapferkeit sich ihrer bemächtigen
konnte. Mit Ausnahme des Kapellenberges, der nach
allen Richtungen bis zu seinem halben Abhang bewaldet
ist, bietet dieser bis zu seinem Gipfel mit Getreide be-
pflanzte, bis sechshundert Fuß hohe Bergrücken nicht
das geringste Deckungsmittel, das die Annäherung zu

erleichtern vermöchte. Athemlos von dem beschwerlichen
Steigen mußten die Angreifer demnach oben anlangen,
um auf dem Wege hinauf von der Kartätschenfront der
feindlichen Geschütze gezehntet und überschüttet, unmittelbar in den Streit mit einem noch ganz frischen und
ausgeruhten Gegner einzutreten. Und dennoch sind diese
Höhen genommen worden!"

Hören wir an dieser Stelle auch noch den militärischen Berichterstatter des französischen Blattes Siècle
über den Kampf bei Nachod: „Der Ober-General, der
Kronprinz von Preußen, wohnte vom Anfange an der
Schlacht mit seinem Generalstabe bei und verließ nicht
das Schlachtfeld, ehe der Sieg zu Gunsten der Preußen
entschieden war. Mehrere Granaten platzten in seiner
Nähe, doch ohne ihn zu verwunden. Man kann sich
keinen Begriff machen von der Kaltblütigkeit, welche
diese jungen preußischen Soldaten in ihrer ersten Schlacht
gezeigt haben. Alle haben sich mit Heldenmuth geschlagen, auch die preußische Kavallerie hat heute ihren
Kriegsruhm bewährt, und das 37. Infanterie-Regiment,
die Füsiliere von Westphalen, haben sich besonders aus-
gezeichnet."

Doch die Luft ist noch verdunkelt von Pulver-
dampf, wir haben noch andere Schlachtfelder zu be-
suchen. Da es sich jedoch hier nicht um eine eingehende
kriegsgeschichtliche Darstellung, sondern wesentlich nur

darum handeln kann, den Charakter und die Erfolge
der Kämpfe darzustellen, so werden wir uns befleißigen,
auf Grund beglaubigter Berichte zunächst noch diejenigen
kriegerischen Thaten in Kürze vorzuführen, die der Zeit
vor der großen Entscheidungsschlacht bei Königgrätz
angehören.

Am 28. Juni ging die erste Armee unter Friedrich
Karl und die mit jener vereinte Armee des General
Herwarth gegen Münchengrätz vor. Gegenüber stand
das 1. österreichische Corps (Clam Gallas), die Brigade Kalik und die sächsische Armee. Der Feind wurde
geworfen und ließ 1400 Gefangene in den Händen der
Preußen. Am 29. Juni rückte die Armee gegen Gitschin
vor. In den Nachmittagstunden gegen 5 und 6 Uhr
stießen die auf verschiedenen Straßen marschirenden Divisionen Tümpling und Werder auf den Feind, welcher
starke Stellungen inne hatte. Er wurde sofort angegriffen, war mit anbrechender Nacht geschlagen und zog
sich unter dem Schutze der Nacht in Unordnung durch
Gitschin zurück, welches um 11 Uhr Abends unsere
Truppen besetzten. An diesem Tage hatten den preußischen Truppen das ganze 1. Corps, außerdem die
Brigade Kalik und die sächsische Armee gegenüber gestanden. Die österreichischen Verluste an Gefangenen
waren sehr bedeutend, ebenso an Todten und Verwundeten. Auf preußischer Seite wurde verwundet General

v. Tümpling. Der Kampf war heiß, wiederholt schlu-
gen Theile des Leib-Regiments Kavallerie-Attaquen ab,
und zwar ohne Carré zu formiren. Die Zahl der Gefangenen betrug in den letzten Tagen über 5000.

Am 29. Juni wurde das Hauptquartier des Kronprinzen über Gitschin hinaus, am 1. Juli nach Praus-
nitz verlegt.

Benedeks Plan, die Armee des Kronprinzen in das
Gebirge zurückzuschlagen und darauf die beiden von
Norden kommenden Armeen mit Uebermacht zu über-
fallen und zu vernichten, war vollständig gescheitert.
Nicht nur hatten die Oesterreicher furchtbare Verluste
erlitten, sondern es war auch bereits am 29. Juni die
Vereinigung sämmtlicher preußischer Heerestheile in Böh-
men bewirkt worden.

Nunmehr war der Tag nahe, an dem ein Ringen
der beiderseitigen Gesammtkräfte stattfinden sollte, wahrlich, ein Entscheidungstag von unermeßlicher Wichtigkeit
für Preußens und Deutschlands fernere Geschicke! —

Blicken wir noch einmal auf die letzten Tage des
Juni zurück, die so überaus erfolgreich für die preußischen Waffen waren. Alle Welt war überrascht, das
Inland wie das Ausland, Freunde wie Gegner. Die
Preußen hatten freilich gehofft, den Feind zu bewälti-
gen; aber daß dies in dem Maße geschehen würde,
als jetzt offenkundig vorlag, hatten sie sich nicht träu-

men laffen. Es war ihnen bewußt gewefen, daß fie es
mit einem ftarken Feinde aufzunehmen haben würden,
der fich den Ruhm der Tapferkeit und der Todesverachtung
mit Recht erworben hatte.   .

Und was fagten die Herren zu Wien, denen kein
Wort zu niedrig gewefen war, Preußens Heer und Volk
zu fchmähen? Als fie aus ihrer Betäubung, in die
die erften donnernden Schläge fie verfetzt hatten, er-
wachten, riefen fie: „Das hat das Zündnadelgewehr
gethan; eine Mafchine hat uns befiegt, nicht die Tüch-
tigkeit des Gegners!" — Aber diefer Ruf hielt nicht
lange Stich, und es gehört auch zu den preußifchen
Siegen, daß man wenige Tage darauf in Wien ein-
geftehen mußte: „Die Intelligenz der Führer des preußifchen Heeres und die Intelligenz der Truppen: —
das ift das eigentliche Zündnadelgewehr, das uns fo
übergroßen Schaden zugefügt hat!" —

In diefem Urtheil begegneten fich auch alle mili-
tärifchen Berichterftatter aus fremden Staaten, die den
Bewegungen der Truppen auf beiden Seiten gefolgt
und Augenzeugen der Kämpfe gewefen waren. Das
Zündnadelgewehr hat fich als tüchtige Waffe bewährt,
das läßt fich nicht in Abrede ftellen. Aber konnte es
da die Entfcheidung herbeiführen, wo die Oefterreicher
in feften Stellungen ftanden, in dichten Gehölzen oder
auf hohen Bergen? Da mußten andere kriegerifche

Kräfte zu Tage treten, als der Besitz irgend welcher
Waffe sie bietet. „Die wahre Ursache der Erfolge
Preußens," sagt die französische Zeitschrift „Opinion
nationale", „liegt hauptsächlich in der Vorzüglichkeit seiner Generale, in der Intelligenz und dem Muthe seiner Soldaten. Da der Unterricht in allen Standes-
klassen verbreitet ist, arbeitet jeder in seiner Sphäre
mit Intelligenz nach dem vorgesteckten Ziele." — „Kühn-
heit und Gewandtheit," schreibt ein Correspondent der
Spenerschen Zeitung unter dem 30. Juni aus Paris,
„sind die Bezeichnung, welche der preußischen Kriegs-
führung hier fast von der gesammten Presse beigelegt
worden, und man fängt nachgrade an, über das viel-
gepriesene Geheimniß zu spotten, mit welchem der österreichische Oberfeldherr seine strategischen Pläne verberge."
— „Es läßt sich nicht leugnen," äußert die Weser-Zei-
tung, „daß das Zündnadelgewehr ein Fortschritt in der
Technik ist. Aber gerade darin liegt das Erfreuliche
dieser Waffe, daß sie einen intelligenten Soldaten er-
fordert; in der Hand eines Kosaken ist sie ein unbe-
holfener Apparat. Oesterreich wird gezwungen sein,
dieses Gewehr einzuführen, und um es gebrauchen zu
können, wird es sich bemühen müssen, seine Soldaten
auf einen höhern Grad der Intelligenz zu erheben."
Eben an der erforderlichen Intelligenz oben wie
unten fehlte es im österreichischen Heere.

Die preußische Armee hatte ausgezeichnete Ober-
Generale: den Kronprinzen, den Prinzen Friedrich Karl,
den General Herwarth v. Bittenfeld, außerdem bewährte Unterführer, wie die Generale Steinmetz, Horn,
Fransecky und Andere. Außer den Genannten standen
den Ober-Generalen Strategen zur Seite, wie sie ein
Heer sich nicht besser wünschen kann, dem Kronprinzen
der General von Blumenthal, dem Prinzen Friedrich
Karl der General von Voigt-Rheetz. Chef des
preußischen Generalstabes ist der General Freiherr von
Moltke. Ueber diesen General schrieb ein englischer
Berichterstatter: „Sein schnelles hellblaues Auge, die
hohe Stirn und die wohlgebaute Figur machen ihn
als einen intelligenten und energischen Mann kenntlich,
aber obgleich schnell im Handeln, ist er doch im Gespräch so vorsichtig und in der Unterhaltung so behut-
sam, daß er wegen dieser Eigenschaft und seiner ausgedehnten Kenntniß europäischer Sprachen in der Armee
als ein Mann bekannt ist, welcher in sieben Sprachen
schweigt. Sorgsam und arbeitsam hat er mit eigener
Hand und persönlich fast jede Einzelheit der Operationen ausgearbeitet, in welchen er Europa durch die blitz-
schnelle Geschwindigkeit seiner Schläge und furchtbare
Consequenz seiner Dispositionen überrascht hat, von
denen die österreichische Armee dahinschwand, fast noch
ehe sie zusammen war, und welche ihm von seiner

4

Landsleuten den Titel des ersten Stratega in Europa
eingebracht haben."

Handelt es sich darum, in ein Land mit Heereskraft einzudringen, so ist für die Leiter des Feldzuges
Kenntniß des Bodens unentbehrlich. Auf preußischer
Seite hatte man sich, was Böhmen betrifft, entsprechend
vorbereitet. Daß auch die Oesterreicher sich Kenntniß
der Bodenverhältnisse Schlesiens u. s. w. verschafft hatten,
ist nicht zu bezweifeln; wohl aber darf in Zweifel ge-
zogen werden, daß ihre Vorbereitung der der Preußen
gleich kam. „Lange bevor die preußischen Truppen
unsere Grenze überschritten," schreibt eine Wiener Zeitung, „kämpfte das Ingenieurcorps derselben in Böhmen mit Cirkel und Linealen gegen uns und bereitete
der bewaffneten Mannschaft den Sieg vor. Preußen
hat Situationskarten der böhmischen Kronländer mit
den allergenauesten und ausführlichsten topographischen
Details, Generalfarten mit Angabe aller Flußbreiten,
aller Spannweiten unserer Brückenlagen, mit Maßstäben
unsers gesammten Eisenbahnnetzes, Preußen wußte
schon längst, welchen Weg es durch Böhmen, Mähren
und Schlesien ziehen werde, und wo und welche Hindernisse man seinem Vorrücken entgegenstellen werde,
es hatte sich im Voraus in den Stand gesetzt, sie alle
zu überwinden."

Wenn nun auch mit diesem Urtheile zu weit ge-

griffen wird, da es ja der preußischen Heerführung unmöglich war, zu wissen, auf welchen der unzähligen,
für die Vertheidigung günstigen Punkten Widerstand
gefunden werden, wie stark und welcher Art derselbe
sein werde u. s. w., so können wir doch sagen: Wir
sind stolz darauf, ein Ingenieurcorps das unsre nennen
zu dürfen, das die ihm zustehende Aufgabe in so vor-
trefflicher Weise gelöst hat! — Schon ehe der Donner
der Geschütze sich erhob, standen die Geister gegen einander im Kampfe, und schon zu dieser Zeit begann die
Wage, auf der Oesterreichs Heil und Unheil gewogen
werden sollte, zu seinen Ungunsten zu sinken.

5.
Kämpfe gegen die Hannoveraner und die Süddeutschen.

Ehe wir an die Darstellung der Entscheidungsschlacht von Königgrätz gehen, haben wir einen Blick
auf den Kampf Preußens gegen die Vasallen Oesterreichs zu werfen.

Die 18—19,000 Mann zählende hannoverische
Armee hatte ihren Marsch nach Süden angetreten, um
ihre Vereinigung mit der Bundesarmee zu bewerkstelli-
gen; der König Georg befand sich in ihrer Mitte. Von
Seiten Preußens waren indeß augenblicklich die nöthigen Vorkehrungen getroffen worden, um die Absicht
der Hannoveraner zu vereiteln. Dies gelang; die hannoverische Armee mußte bei Langensalza Halt machen.
Von hier aus sandte der König Georg den Archivrath
Onno Klopp*) zum Commandirenden der bayrischen
Armee, Prinzen Karl von Bayern, und ließ um Zu-
zug bitten. Der Prinz äußerte, eine Armee von
18—19,000 Mann werde sich wohl selbst durchschlagen
können, doch sandte er bald darauf einige schwache Abtheilungen seiner Armee nordwärts. Nun forderte der
König Georg den Herzog von Gotha auf, zwischen
ihm und dem Könige von Preußen zu vermitteln. Er
begehrte das Zugeständniß freien Durchzuges nach Bayern,
wogegen er sich verpflichten zu wollen erklärte, „längere Zeit" nicht gegen Preußen zu kämpfen. Der Her-

---

*) Dieser Mann, der sich durch eine Schmähschrift auf
Friedrich den Großen bei allen Wohldenkenden in einen
üblen Ruf gebracht hatte, war gerade dieser Schrift wegen
von dem Könige Georg aus einer untergeordneten Stellung zum Archivrath erhoben und von demselben Fürsten
und dem Kaiser von Oesterreich mit Orden decorirt worden.

zog von Koburg wandte sich sogleich an den König
Wilhelm von Preußen, und die Verhandlungen begannen. Der König Wilhelm, gern bereit, Blutver-
gießen zu verhindern, verlangte, daß für „längere Zeit"
ein Jahr festgesetzt werde, und daß Hannover Garan-
tien für Innehaltung des Abkommens geben müsse.
Dies lehnte König Georg ab. Es war ihm eben nur
darum zu thun, Zeit zu gewinnen, denn immer noch
hoffte er, die Bayern würden mit starker Macht ihm
entgegenziehen und ihn aus seiner Lage befreien. In
derselben Absicht wandte er sich Tag's darauf (am
25. Juni) direct an den König Wilhelm und bat um
24 stündige Bedenkzeit. Diese wurde ihm gewährt,
obgleich für die Preußen, die den Hannoveranern die
Auswege verstellt hatten, jede Stunde kostbar war,
da es ja für sie von größter Wichtigkeit sein mußte,
der Bundesarmee möglichst wenig Zeit zu ihrer Con-
centrirung zu lassen. Doch die hannoversche Armee,
die auf ihren alten Kriegsruhm mit Recht stolz sein
konnte, stand in zu großer Achtung beim Könige Wilhelm, als daß er sich einen neuen Versuch hätte versagen können, einen Kampf mit derselben zu verhindern.
Durch den Telegraphen empfingen die preußischen Heerführer den Befehl, sich bis zum 26. Juni Vormittags
10 Uhr jeder Feindseligkeit gegen das hannoversche
Heer zu enthalten. Der König Wilhelm ging noch

weiter. Er garantirte dem Könige Georg noch einmal seinen Besitzstand, jedoch unter der Bedingung,
daß er die von Preußen vorgeschlagene Bundesreform
anerkenne und seine Armee in die Heimat entlasse.
Der Act der Milde des Königs Wilhelm führte jedoch
nicht zu dem erwünschten Ergebniß; König Georg bestand auf seiner Forderung, ihn ungehindert nach Bayern
ziehen zu lassen.

Die Oberleitung der preußischen Heerestheile, von
denen die Hannoveraner in einem weiten Kreise um-
stellt waren, war dem General Vogel von Falckenstein
übertragen. Dieser wäre im Recht gewesen, wenn er
die Feindseligkeiten gegen die Hannoveraner schon am
26. Juni mit dem Glockenschlage 10 Uhr begonnen
hätte. Er that dies jedoch nicht, sondern zog nur bis
zum nächsten Tage seine Truppen näher zusammen.
Am 27 Juni brach König Georg mit seinem Heere
in nördlicher Richtung auf. Da führte der General
Flies einen Angriff auf die hannoversche Arriéregarde
aus, in der Absicht, das hannoversche Heer in der
Stellung festzuhalten. Das Gefecht wurde mit jedem
Augenblicke lebhafter, denn die hannoverschen Abtheilungen,
die schon auf dem Marsche waren, kehrten zurück. Es
währte nicht lange, so hatten die 8000 von Flies geführten Preußen das ganze hannoversche Heer gegen
sich. Auf beiden Seiten ward mit größtem Muthe

gekämpft. Nachdem die Preußen von Vormittags 10
Uhr bis Nachmittags ½5 Uhr bei glühender Sonnen-
hitze in ununterbrochenem Kampfe gestanden hatten, und
General Flies seine Absicht, die Hannoveraner festzuhalten, erreicht sah, ging er langsam zurück. Für den
blinden König hatte man bei Beginn des Gefechtes
einen sichern Platz in einem Hohlwege gefunden; gleich-
wohl prahlte er später mit dem „Siege", den er über
die Preußen erfochten habe. Die Wahrheit war, daß
die Hannoveraner, wie bemerkt, tapfer gekämpft hatten,
sich aber doch, trotz ihrer Ueberzahl, zu erschüttert fühlten,
um nach Abbruch des Gefechts von Seiten der Preußen
an eine Verfolgung derselben denken zu können.

Nun aber ließ der General von Falckenstein seine
Heerestheile von den verschiedenen Seiten herzurücken
und ordnete für den 29. Juni einen allgemeinen Angriff auf den Feind an. Blieb der König Georg bei
seiner Verstocktheit, so war seine vortreffliche Armee
dem Untergange geweiht. Aber der Muth war ihm
doch nun entsunken, er erbot sich zur Kapitulation. Die
Armee wurde entwaffnet und unter dem Versprechen,
nicht gegen Preußen Dienste nehmen zu wollen, in die
Heimat entlassen, dem Könige wurde die Wahl seines
Aufenthalts, jedoch außerhalb Hannovers, freigestellt,
die Offiziere behielten Waffen, Gepäck und Pferde.

Der Kampf hatte auf beiden Seiten gegen 2000 Todte und Verwundete gefordert.

Wir fügen diesem Gefechtsberichte ein Wort des kundigen Heinrich von Treitschke über die Regierung Hannovers, namentlich die des letzten Königs bei: „Alle Welt weiß, wie der Neid des Welfenstaatsmannes Münster auf dem Wiener Congresse sich anstrengte, Preußen um den Lohn seiner im Freiheitskriege gewonnenen Siege zu betrügen, und wie dann dreißig Jahre lang Hannover den werdenden Zollverein bekämpfte. Das Welfenhaus ward ein anderes Geschlecht von Landschaden für Niederdeutschland, hemmte und quälte den Verkehr von Oldenburg, Hamburg, Braunschweig, Bremen und that sein Bestes, die Mündungen der herrlichen Ströme, die eine kurzsichtige Diplomatie ihm in den Schooß geworfen, nutzlos zu machen für die Welt. Sechsmal binnen funfzig Jahren ward die Verfassung von Grund aus geändert, jede Sicherheit des öffentlichen Rechtes ist dahin, und seit der Thronbesteigung Georgs V. bietet der Welfenhof ein Schauspiel, das ein sittliches, gottesfürchtiges Volk niemals hätte dulden sollen. Wenn die Blindheit, statt die Seele des geschlagenen Mannes zu adeln und zu vertiefen ihm selber eine Quelle der Lüge und des Hochmuths wird, dann ist es sündlich, des Blinden zu schonen. Der Regierungsantritt des König erfolgte wider die

Vernunft, und wie er selbst sehr wohl wußte, wider
das Recht. Deutsche Geduld ertrug die Herrschaft
eines Blinden, die, in einem kräftigen Großstaate
schlechthin undenkbar, auf europäischem Boden bisher
nur im byzantinischen Reiche geduldet worden ist. An
Byzanz in der That, an die ärmlichsten Epochen mensch-
licher Verkümmerung, gemahnt dieser König, der so
lange den Sehenden spielte, bis ihm die Lüge zur Natur,
jedes Wort, jede Miene zur Unwahrheit wurde. An
die Byzantiner erinnern auch seine nichtigen Höflinge,
die auf solches Gaukelspiel gelassen eingingen. Alle
Sünden des Welfen- und des Stuartsblutes scheinen
in dem unheilvollen Manne sich noch einmal ange-
sammelt zu haben; seine knabenhafte Thorheit erinnert
an Karl von Braunschweig, die frömmelnde Selbstver-
götterung an Jakob II. von England. In der Enge
unsers deutschen Lebens erscheint auch das Nichtswürdige
kleinlich und darum komisch; aber wenn wir gedenken,
wie dieser Fürst Tag für Tag die Langmuth Gottes
herausforderte durch das Prahlen mit der Welfen-
herrschaft bis an das Ende aller Dinge, wie das
ganze Land Gott in der Kirche danken mußte für die
wunderbare Errettung des Welfensprossen, der sich
durchaus nicht in Gefahr befunden hatte, so müssen
wir beschämt gestehen: freventlicher als auf hannover-
schem Boden ist Gott nie gelästert worden. „Zerstäubt

sind die Juristenschnitzer, der höchste Herr ist Grund-
besitzer," rief eine servile Adresse dem Könige zu, als
die Verfassung wieder einmal gebrochen war, der Fürst
sich ein Krongut ausscheiden ließ und das Land über-
vortheilte." Nun, der blutige Kampf, in den er die
wackre hannoversche Armee hineinzog, war der letzte
Schaden, den er seinem Lande verursachte; sein Königs-
recht war damit für immer verwirkt, und er mag sich
nun mit seinen Millionen trösten, die er aus dem
Schiffbruch, den er durch eigene Schuld erlitt, nach
England rettete.

Mit der Capitulation der Hannoveraner waren die
preußischen Streitkräfte für weitere Operationen nach
dem Süden hin frei geworden. Dort war die Bundesarmee immer noch in der Sammlung begriffen; doch
sollte ihr nicht mehr lange Zeit gewährt werden, mit
Worten zu prahlen oder sich in Hoffnungen einzuwie-
gen, die durch unwahre Gerüchte über die Vorfälle in
Böhmen in ihr fortgesetzt angeregt wurden. Der Führer des bayrischen Heeres, Prinz Karl von Bayern,
hatte den Plan, seine Armee mit der Bundesarmee
unter dem Prinzen Alexander von Hessen zu vereinigen,
und es stellte sich nun für den Ober-Commandirenden
der auf dem westlichen Kriegsschauplatze stehenden preußischen Heerestheile Vogel von Falkenstein als nächste
Aufgabe heraus, die beabsichtigte Vereinigung zu ver-

hindern. Das erste Gefecht fand bei Dermbach und
Hünefeld (zwischen Eisenach und Fulda) gegen die
Bayern statt, die zurückgeworfen wurden. In derselben
Gegend folgten noch mehrere Gefechte, und es wurde
der Zweck, die Vereinigung zu verhindern, dadurch
schon vollständig erreicht. Die Bayern zogen sich hinter
die fränkische Saale zurück, nahmen gute Aufstellungen,
wurden aber, vom General von Falckenstein trotz heftigen
Widerstandes, in fünf Gefechten geschlagen. Am 13.
Juli wurde die Darmstädtische Division von der Brigade Wrangel gesprengt, Tag's darauf erfolgte bei Aschaffenburg ein entscheidender Schlag der Division Göben
gegen die von Neipperg geführten Oesterreicher, Kurhessen und Darmstädter. Am 16. Juli ward Frankfurt am Main von Preußen besetzt; die Gesandten,
die bis zu dem Siege der Preußen bei Aschaffenburg
immer noch in der Eschenheimer Gasse zu Frankfurt
den „Bundestag" gespielt hatten, waren hinweggeeilt,
um in Augsburg ihr lächerliches Spiel noch für eine
kurze Zeit zu erneuen.

Um den siegreich begonnenen Kampf gegen die Feinde
Preußens im Südwesten schnell zum Abschluß gelangen
zu lassen, hatte der Großherzog Friedrich Franz von Meck-
lenburg-Schwerin den Befehl vom Könige von Preußen
empfangen, mit dem zumeist aus Mecklenburgern be-
stehende 2. Reserve-Corps von Sachsen aus in Bayern

einzurücken. Am 23. Juli erreichte er Hof, am 28. Juli
schlug er eine bayrische Heeresabtheilung bei Bayreuth.
An der Spitze der Main-Armee war inzwischen
der General von Manteuffel an Stelle des Generals
von Falckenstein getreten, der vom König Wilhelm dazu
ersehen worden war, die Verwaltung Böhmens in die
Hand zu nehmen. Am 25. und 26. Juli wurden die
Bayern von der Armee Manteuffels bei Gerchsheim,
Helmstadt und Roßbrunn geschlagen, Würzburg lag der
Main-Armee offen.

Uebersichtlich spricht sich ein vom General Manteuffel erlassener Armeebefehl über die Bewegungen
und Kämpfe seiner Truppen folgendermaßen aus:
„Ich rufe Euch die Gefechtstage und die Erfolge
Eurer Siege in Eure Erinnerung zurück. Nachdem
Ihr unter Eurem früheren so bewährten und kriegs-
erfahrenen Führer, General der Infanterie von Falckenstein, das Königreich Hannover, Kurhessen und die
weiten Länder bis Frankfurt am Main erobert, die
ganze hannoversche Armee zur Waffenstreckung gezwungen, die Bayern am 4. Juli bei Neidhardhausen,
Zelle und Wiesenthal, am 10. Juli bei Hammelburg,
Kissingen, Friedrichshall, Hausen und Waldaschach, am
11. Juli bei Oertenbach, die Hessen-Darmstädter am
13. bei Laufach diese und die Oesterreicher am 14. bei
Aschaffenburg geschlagen, habt Ihr am 16. Juli Euren

siegreichen Einzug in Frankfurt gehalten. Nach kurzer
Rast habt Ihr den Feind von Neuem aufgesucht, am
23. die Badenser bei Hundheim, am 24. die Oesterreicher, Würtemberger, Hessen-Darmstädter und Nassauer
bei Tauberbischofsheim, die Badenser bei Hochhausen
und Werbach, am 25. das ganze vereinigte Bundes-
corps bei Gerschheim und die bayrische Armee bei
Helmstadt, letztere am 26. Juli auch bei Roßbrunn geschlagen und seid heut nach zwanzig größeren und
kleineren stets siegreichen Gefechten in Würzburg ein-
gerückt. Der Erfolg dieser Siege ist, daß die Main-
Armee nicht blos die Länder nördlich des Main gewonnen, sondern auch die Gewalt ihrer Waffen über
Hessen-Darmstadt hinaus bis tief nach Baden und
Würtemberg hineingetragen hat."

Durch alle diese Schläge waren die eigentlichen
Urheber der Kämpfe süddeutscher Truppen gegen Preußen
nicht wenig erschüttert worden; das Meiste aber zu
ihrer Ernüchtung hatte die Kunde von der Entscheidungsschlacht bei Königgrätz beigetragen. Da mußten
denn lügnerische Berichte über angebliche Siege Oesterreichs, die systematisch verbreitet wurden, herhalten,
um die Truppen, die leider gezwungen waren, einer
schlechten Sache zu dienen, wenigstens noch eine Zeit
lang vor gänzlicher Muthlosigkeit zu bewahren.

6.

Königgrätz.

Nachdem den preußischen Armeen in Böhmen die Vereinigung gelungen war, faßte der österreichische Feldmarschall Benedek seine gesammte Heereskraft znsammen, nm mit zermalmender Wucht einen Schlag auf den Gegner auszuführen, ihn zu zersprengen und danach die einzelnen Heerestheile auf böhmischem Boden zu vernichten. Auf beiden Seiten wurden die Kräfte aufs Aeußerste angespannt: die Preußen waren von dem Verlangen beseelt, durch eine Hauptschlacht den bis jetzt glänzend errungenen Erfolgen die Krone aufzusetzen; die Oesterreicher dursteten danach, ihren erschütterten kriegerischen Ruhm wieder herzustellen. Das österreichische Heer, 280,000 Mann stark, hatte bei Sadowa, zwischen Königgrätz und Josephstadt, Stellung genommen; das vereinte Heer der Preußen zählte 300,000 Mann.

Ein kundiger Militär giebt uns in einer lesenswerthen Schrift*) folgende Darstellung über die Stel-

*) Die Schlacht bei Königgrätz. Berlin. In Commission bei Max Matthies.

lung der Oesterreicher: „Die das rechte Ufer der Elbe von ihrem Ursprunge an begleitenden felsigten Höhen verflachen sich bei Josephstadt zu einer Hügelgruppe, welche gegen die Elbe hin zuletzt in eine vollständige, wasserreiche Ebene ausläuft. Nirgends sind bei dieser Hügelgruppe die Abhänge so steil, daß sie den Bewegungen irgend einer Truppengattung hinderlich wären, vielmehr gestatten sie überall flach auslaufend der Artillerie ein wirksames Feuer von günstigen Aufstellungen aus. Bei dem schweren, fetten und fruchtbaren Lehmboden wird hier der Landbau ergiebig und eifrig betrieben, und in Folge dessen liegen auf und zwischen den Hügeln, wie in den in muldenförmigen Thalstrecken befindlichen Wiesen, zahlreiche Dörfer und Gehöfte. Diese mit ihren Gemüse- und Obstgärten, so wie die dazwischen liegenden dichten und hochstämmigen, jedoch wenig ausgedehnten Waldstrecken, geben den Truppen Gelegenheit, für eine hartnäckige Vertheidigung sich einzunisten. Kleine, wenn auch nicht tiefe Flüsse oder richtiger Bäche mit ihren ziemlich breiten, sumpfigen, zum Theil bebuschten Thälern bei flachen Rändern, finden von dieser Hügelgruppe nach verschiedenen Richtungen ihren Weg zur Elbe und bringen für vordringende Truppen neue und schwierige Hindernisse. Ein solches Flüßchen ist die Bistritz, welche unterhalb Horsitz auf einer Strecke von etwa drei Meilen und in einem Abstande von etwa

einer Meile fast gleichlaufend mit der Elbe bleibend,
die Front der österreichischen Stellung von Benatec
bis Nechaniß deckte. Die in seinem Thale liegenden
Dörfer, wie fast alle in dieser Gegend Böhmens, bieten
gleich denen in Polen den Anblick trauriger, hölzerner
Hütten neben massiv gebauten Herrenhäusern, Fabrik-
gebäuden, Kirchen und Wassermühlen, und die letzteren
erhöhen die Widerstandskraft dieser Dörfer, wenn sie
zu einer ausdauernden Vertheidigung besetzt werden,
während die Menge hölzerner Häuser sie leicht dabei
in Flammen aufgehen läßt. — Der rechte Flügel der
österreichischen Stellung lehnte sich an das Thal der
Trotina, ein ähnliches Flüßchen wie die Bistriß. —
So blieb auf dieser Seite nur der leicht zugängliche
Theil der Stellung zwischen beiden genannten Flüßchen,
aber die wellenförmigen, langgestreckten Hügel bei Hor-
zinowes, Masloged und Cziaftowes bieten hier vortheil-
hafte Aufstellungspunkte für Artilleriemassen, und weiter
zurück bei den Dörfern Chlum und Lipa mit ihren
zum Theil bewaldeten Kuppen finden sich die größten
Erhebungen der Hügelgruppe und machen diese Gegend
zum Schlüssel der Stellung."

Der bezeichnete Militär führt ferner an, daß mit
größter Mühe und Eile zahlreiche Batterien aufgestellt,
deckende Erdhaufen, Schützengräben, selbst in hintereinander liegenden Stellungen angelegt worden waren,

daß man durch Verbarrikadirungen und Verhaue die
Dörfer und Waldstrecken zu tüchtiger Vertheidigung
eingerichtet, und um der so zahlreichen Artillerie die
ausgiebigste Wirkung ihrer gezogenen Geschütze zu sichern,
Lichtungen für sie ausgehauen und die entscheidenden
Distancen durch verschiedene Merkmale bezeichnet hatte.

„Sieht man diese von den Oesterreichern besetzten Höhen", sagt ein Berichterstatter der Vossischen Zeitung,
„so kommt Einem denn doch ein gewisser Respekt vor
dem Feldherrn Benedek an, der diese Stellung ausge-
wählt hatte, um das preußische Heer zu vernichten.
Er hatte bei seiner Rechnung einen Faktor vergessen:
die geistige Ueberlegenheit des preußischen Heeres. —
Hätten wir, konnte mit Recht später von den Preußen
gesagt werden, die Stellung der Oesterreicher gehabt,
so wäre keine Maus zu uns hinauf gekommen!" —

Der König Wilhelm befand sich bei der Armee,
um, wie es stets bei den tüchtigsten Fürsten aus
dem Hohenzollernstamme üblich gewesen war, in einer
Hauptschlacht die Gefahr mit seinen Kriegern zu theilen.

In der Nacht vor dem verhängnißvollen Tage war
der Himmel meist bedeckt, mit dem Morgengrauen begann ein dichter Regen niederzufallen, der den lehmigen
Boden bald so erweichte, daß die Vorwärtsbewegungen
der Truppenkörper, namentlich der Artillerie, äußerst
beschwerlich wurde. Nach der um Mitternacht von dem

Könige unter Zuziehung des Generals v. Moltke getroffenen Disposition sollte sich, wie er nach der Schlacht
in einem Briefe seiner Gemahlin, der Königin Augusta,
schrieb, „die erste Armee mit dem 2., 3. und 4. Corps
im Centrum, Sadowa vor sich habend, aufstellen; General Herwarth mit seinen anderthalb Corps sollte über
Nechanitz in die linke Flanke, Fritz*) mit der 2. Armee
Garde, 1., 5. und 6. Corps von Königinhof, seinem
linken Flügel, links der Elbe, in die rechte Flanke des
Feindes vorgehen." Dem königlichen Befehl entsprechend, rückte zunächst Prinz Friedrich Karl mit seiner Armee vor. Um 8 Uhr donnerten die Kanonen
auf Seiten der Oesterreicher in großer Zahl und aus
vortrefflichen Stellungen, während die Preußen nach
beiden Beziehungen hin gegen den Feind im Nachtheile
waren. Man verstärkte sich hier wie dort, aber das
Mißverhältniß blieb bestehen. Dennoch ward der Ar-
tilleriekampf — denn um einen solchen handelte es sich
anfangs einzig und allein — von der preußischen Artillerie frischen Muthes fortgesetzt, und die Infanterie
harrte mit Ungeduld des Augenblicks, an dem der Befehl zum Vorstürmen gegeben werden würde.

Um 8 Uhr langte der König unter den Truppen
an, die ihn mit begeisterten Zurufen empfingen, und

---

*) Der Kronprinz Friedrich Wilhelm.

übernahm die Leitung der Schlacht. Eine Division unter Horn ging vor, um sich Sadowa's zu bemächtigen. Die Oesterreicher vertheidigten sich heldenmüthig; jeder Schritt vorwärts mußte mit Blut erkauft werden. Andere Divisionen waren gegen die von den Oesterreichern besetzten Waldungen des Bistritzthales vorgerückt; es entspann sich hier ein nicht minder blutiger Kampf. Befestigungen, wie man sie fand, hatte man preußischerseits nicht vermuthet. Aber um so mehr spornten die Schwierigkeiten die Kampflust der Preußen an; sie gewannen die Waldungen und die denselben nahe liegenden Dörfer. Die Oesterreicher hatten die Möglichkeit des Verlustes dieser Stellungen wohl ins Auge gefaßt und sich darauf eingerichtet, den Preußen in denselben ein bitteres Loos zu bereiten. Von neben einander liegenden Höhen, die diese Stellungen beherrschten, erhob sich jetzt ein furchtbares Feuer aus nicht weniger als 200 gezogenen Geschützen; die Preußen wurden förmlich mit Kugeln überschüttet. Schwierig war das Halten dieser Stellungen, ungleich größere Schwierigkeiten bot ein weiteres Vordringen, denn man hatte eine breite Ebene vor sich, die von den Oesterreichern vollständig beherrscht ward. Denselben Gang nahm der Kampf auf andern Orten; die Preußen mußten einige Stellungen wieder aufgeben.

Stunden heißen Kampfes waren vergangen, Tau-

5*

sende hatten bereits das Schlachtfeld mit ihrem Blute
geröthet: es kam darauf an, ob die beiden Armeen,
die Elbarmee unter Herwarth und die Armee des Kronprinzen, rechtzeitig eintreffen würden, um die Kräfte des
Feindes zu theilen, die zumeist sich auf die erste Armee
gerichtet hatten. Wie, wenn die Oesterreicher aus der
Vertheidigung, die sie bis jetzt im Großen und Ganzen mit Glück geführt hatten, zum Angriff übergingen,
und es ihnen gelang, die erste Armee zurückzuwerfen
und damit die Verbindung derselben mit den Flügeln
der gesammten preußischen Streitmacht aufzuheben?
Diese Gefahr hatte indeß nicht lange gewährt, denn
auch die Elbarmee stand bereits seit einigen Stunden
im Kampfe mit dem linken Flügel der Oesterreicher.
Kampf und Hindernisse gestalteten sich ebenso wie im
Centrum, und so war denn in Summa um die Mit-
tagszeit die Schlacht zum Stehen gekommen

Dennoch war der Muth der Preußen noch nicht erschüttert. Sieg oder Tod! Das war ihre Losung.
„Nicht weiter zurück! hier wollen wir sterben!" hatte
man rufen hören aus den Reihen einer Abtheilung,
die gezwungen gewesen war, einen blutig errungenen
Vortheil wieder aufzugeben, und die Braven hielten
aus im vernichtenden Feuer. Bei einer Stellung, wie
das österreichische Heer sie hatte, preußischerseits so viel
zu gewinnen, wie schon gewonnen war, führte mit Recht

zu der Ueberzeugung: ist erst unsere ganze Heereskraft beisammen, so kann der Sieg uns nicht fehlen! — Die zweite Armee stand vier bis sechs Stunden entfernt vom Schlachtfelde, und da erst um Mitternacht der Angriff beschlossen worden war, hatte der Kronprinz die Befehle des Königs vor vier Uhr Morgens nicht erhalten können. Sogleich ließ er aufbrechen, allein die Armee kam nur langsam vorwärts, denn der Regen hatte den Boden erweicht, so daß auf manchen Stellen die Kanonen bis an die Achsen einsanken.

Der ganze Vorgang erinnerte an Belle-Alliance, wo Blücher von Wellington so sehnsüchtig erwartet wurde, wie heute der Kronprinz von seinem königlichen Vater, der, sich den Gefahren des Kampffeldes aussetzend und überall die Truppen anfeuernd, zum öfteren sein Fernrohr erhob und nach der Gegend blickte, aus welcher die zweite Armee kommen mußte.

Da endlich sah man leichte weiße Rauchwolken aufsteigen in der Ferne — —. „Er ist da! Der Kronprinz greift den rechten Flügel des Feindes an!" ging's durch die Reihen der Preußen, ein Jubel erhob sich, die Gewißheit lebte in Tausenden auf, nun könne den Preußen der Sieg nicht streitig gemacht werden, und Alles begehrte aufs Neue gegen den Feind geführt zu werden.

Ueber den weiteren Verlauf des Kampfes giebt uns

ein Augenzeuge, der schon erwähnte militärische Berichterstatter der Times *), folgendes übersichtliche Bild:
„Der Kronprinz war von 1 Uhr auf dem Schlachtfelde, und außer den von ihm mitgebrachten beiden
Corps eilten auch seine beiden andern Corps hinter
ihm einher. Seine Kanoniere erwiederten energisch das
Feuer der österreichischen Batterien, und auf der andern
Seite des Abhanges war die Infanterie des 1. und 5.
Armeecorps im heftigen Gefechte, um ein Dorf und
ein Gehölz im rechten Hintertreffen der Oesterreicher
zu erobern. Und hier wüthete der Kampf mit der
größten Heftigkeit, denn der österreichische Befehlshaber
wußte, daß der Kronprinz den wichtigsten Punkt seiner
ganzen Position bedrohte, und er warf daher starke
Truppenmassen dem Angriff desselben entgegen. Doch
waren die Männer der zweiten Armee nach drei jüngst
erfochtenen Siegen von hohem Muthe beseelt, und es
gelang ihnen, den an Zahl überlegenen feindlichen Truppen immer mehr Terrain abzugewinnen. Zwischen
2 und 3 Uhr erschienen die andern beiden Corps des
Kronprinzen, und nun formirte er, ein Corps in Re-

---

*) Wir entnehmen diese Stelle der empfehlenswerthen
Schrift: Interessante Berichte rc. (Eine Zusammen-
stellung der in der Times enthaltenen Schilderungen rc.
Berlin im Selbstv. v. Weiß. N. Grünstr. 38.

serve haltend, die übrigen drei zum entscheidenden An-
griffe gegen die rechte Flanke der Oesterreicher. Inzwischen hatte seine Artillerie über die österreichischen
Kanonen große Vortheile errungen und einige vom
Feinde besetzte Häuser in Brand gesteckt. Um 3½ Uhr
rückte die ganze zweite Armee vor. Von der Fronte
aus war nur der Angriff eines Corps zu sehen, da
die beiden andern auf dem entgegengesetzten Abhange
des Lipa-Hügels zur Attaque vorrückten. Zuerst verrieth ein Schwarm schwarzer Punkte, die über die Felder schlüpften, das Vorgehen der Tirailleure, und die
österreichischen Scharfschützen, welche im Korn postirt
gewesen, sah man vor ihnen davoneilen, um sich hinter
den Schutz ihrer eigenen Linien zu begeben. Unmittelbar hinter den Tirailleuren folgten die dichten In-
fanterie-Colonnen; sie glichen kleinen dunklen Vierecken,
welche längs der Seite des Hügels einherglitten. Die
österreichischen Kanonen eröffneten ein scharfes Feuer
gegen sie; doch drangen sie unerschütterlich vor, bis sie
sich bis auf eine kurze Entfernung den österreichischen
Batterien genähert hatten. Da sandten einige schnell
nach einander abgefeuerten Gewehrsalven eine dichte
Rauchwolke empor, welche, in der trüben Atmosphäre
schwebend, die Aussicht versperrte. Indessen verrieth
das plötzliche Schweigen der österreichischen Kanonen,
daß die Preußen zum Handgemenge gekommen waren

und in diesem die Batterien erstürmt hatten. Das zu den Letzteren hinaufführende Terrain war steil, und die Kanonen hatten unaufhörlich unter die stürmenden Colonnen gefeuert, bis die vorderen Reihen der Letzteren unmittelbar vor den Mündungen der Kanonen standen. Die Schützen, welche sich in die neben den Batterien angebrachten Laufgräben gelegt hatten, sandten verheerende Gewehrsalven unter die Angreifenden; die Preußen jedoch, nicht achtend des Feuers der feindlichen Infanterie, noch der Steilheit des Bodens, stürzten geradewegs zu den Kanonen hin, und den österreichischen Kanonieren und Scharfschützen blieb endlich kein anderer Ausweg, als sich umzuwenden und die Flucht zu ergreifen. Und nun begann das tödtliche Zündnadelgewehr seine Kugel den Fliehenden nachzusenden, und dies geschah mit solcher Sicherheit, daß der Boden mit todten Oesterreichern massenhaft bedeckt ward. Die Niederlage der Oesterreicher war nun unvermeidlich. Sobald der Kronprinz seine Infanterie gegen die österreichische Rechte vorrücken ließ, rückte die Armee des Prinzen Friedrich Karl abermals vor und eilte unter Trommelschlag und lautem Hurrah den vor ihr liegenden Hügel hinauf. Wie auf einen Zauberschlag wurde die Sadowastraße überschritten, und die Bataillone stürmten gegen die österreichischen Batterien an. Niemand achtete darauf, daß es leichter sein würde, die

Kanonen seitwärts anzugreifen; die Soldaten fühlten
sich des Sieges gewiß und suchten ihn auf dem kürze-
sten Wege. Obgleich durch die Unebenheit des Terrains
in Unordnung gerathen und in Folge des schnellen An-
laufs außer Athem gekommen, eilten die preußischen
Truppen mit solcher Schnelligkeit herbei, daß die österreichischen Artilleristen keine Zeit fanden, mit den Kanonen weiter aufwärts zu fahren; sie mußten ihre Geschütze im Stich lassen und sich und ihre Pferde durch
die Flucht zu bergen suchen. Die meisten der Kanonen,
welche in Batterien aufgestellt worden, fielen den Preußen
in die Hände. Diejenigen aber, welche man als Feld-
artillerie benutzt und, beiläufig gesagt, mit der größten
Geschicklichkeit gehandhabt hatte, wurden schnell entfernt
und auf einer weiter entfernten Anhöhe formirt, um
den Rückzug der Infanterie zu decken. Die Preußen
pausirten nur wenige Augenblicke unter den eroberten
Kanonen und gingen sogleich an die energische Verfolgung des Feindes. Schnell war der Gipfel des Lipa-
Hügels erstiegen, und von hier aus sahen sie die ganze
Strecke zwischen sich und Streselitz mit davoneilenden
weißen Uniformen bedeckt. Die siegreichen Bataillone
eröffneten ein schnelles Feuer auf die fliehenden Feinde,
und viele der letztern stürzten nieder und rollten den
abschüssigen Boden hinab. Die beiden Corps, welche
der Kronprinz mehr gegen das österreichische Hinter-

treffen dirigirt hatte, fielen den Flüchtlingen nun in die
Flanke und richteten durch ihr Feuer entsetzliche Ver-
heerungen unter ihnen an. Auch die preußische Artillerie
kam schnell herbei und sandte, vom Lipa-Hügel aus,
ihre Bomben unter die fliehenden Soldaten. Die preußische Kavallerie konnte die Landstraße erst verlassen,
als sie beinahe den Gipfel des Hügels erreicht hatte,
da der Weg auf beiden Seiten von Gehölz begrenzt
war. Bei ihrer Ankunft hatte demnach die österreichische
Infanterie bereits die Hälfte der Strecke zurückgelegt,
welche Lipa von dem weiterhin gelegenen Hügel bei
Streselitz trennt. Hier aber hatten die österreichischen
Batterien sich festgesetzt und begannen die auf der Verfolgung begriffenen Truppen heftig zu beschießen. Prinz
Friedrich Karl, der sich in diesem Augenblick an der
Spitze der Husaren und Dragoner befand, mußte diese
nun verlassen, um für den Angriff auf die von der
österreichischen Artillerie gefaßte neue Position seine Anordnungen zu treffen, und die Kavallerie löste sich sogleich in einzelne Schwadronen, ja sogar in noch kleinere
Abtheilungen auf und stürzte sich mit wildem Ungestüm
auf die Fliehenden der sich zurückziehenden feindlichen
Infanterie. Doch begannen die Bomben der österreichischen Artillerie unter der verfolgenden Reiterei zu
spielen, während die fliehende Infanterie, wenn die
Verfolger ihr zu nahe nachrückten, sich umwandte und

Salven abfeuerte, die manchen Sattel leer machten. Auch war die öfterreichische Kavallerie noch nicht vom Schlachtfelde gewichen, obgleich sie außer Stande war, sich zur Deckung ihrer Infanterie dem furchtbaren Feuer der preußischen Kanonen entgegen zu stellen. Als sie jedoch von der feindlichen Kavallerie angegriffen wurde, und in Folge dieses Umstandes die preußischen Kanonen ihr gegen sie eröffnetes Feuer unterbrechen mußten, kämpfte sie tapfer und opferte sich, um den Rückzug der Ihrigen zu decken. Mehrere Schwadronen des dritten preußischen Dragoner-Regiments trafen mit einem öfterreichischen Kürassier-Regimente zusammen; das Letztere wendete sich zurück und attakirte. „Große Männer auf großen Pferden," drängten sie die Preußen zurück, und mit ihren wuchtigen Säbeln einhauend, brachten sie den Dragonern schwere Verluste bei. Als Hohenlohe's preußische Ulanen die Bedrängniß ihrer Kameraden sahen, griffen sie die Flanke der Oesterreicher mit eingelegter Lanze an und zwangen sie zum Rück-zuge. Doch wurden Jene nun auch von Ziethens Husaren im Rücken angegriffen. Ein wilder Kampf entspann sich; die Kürassiere, für ihr Leben fechtend, hieben wüthend um sich; die Ulanen jedoch trieben ihre Lanzen in die Pferde der Oesterreicher, während die leichten und behenden Husaren sie umzingelten, und nur zehn Oesterreicher sollen aus diesem Kampfe unverwundet hervorgegangen sein. Die österreichische Artillerie vermochte ihre neue Position nicht lange zu behaupten. Das Feuer der preußischen Kanonen und die zu einem weitern Angriff getroffenen Anordnungen zwangen sie bald zum Rückzuge, die Verfolgung wurde bis nach dem Einbruche der Nacht energisch fortgesetzt. Keine Waffengattung, keine Kampfesart hatte den Oesterreichern einen Vortheil im Kampfe gegen die Preußen zu verschaffen vermocht. Ihre Hoffnung war es gewesen, durch Bajonet-Angriffe die Wirkungen des Zündnadelgewehrs ausgleichen zu können. Doch die Idee der Ueberlegenheit des Bajonets, auf welche die österreichische Armee sich viel zu Gute thut, ist eine jener Eitelkeiten, die jeder Nation eigen sind, und dieser Krieg hat genügend bewiesen, daß im Bajonet-Kampfe die mit größerer Körperkraft begabten Preußen die Oesterreicher stets besiegt haben."

Der greise, sonst aber noch äußerst rüstige König Wilhelm war zwölf Stunden lang nicht vom Pferde gekommen und hatte die Gefahren des Tages mit seinen Truppen getheilt; Graf Bismark, der an seiner Seite war, bat ihn mehrmals auf das Dringendste, sich nicht zu offenkundigen Gefahren auszusetzen. Der Anblick des Königlichen Herrn stärkte die Soldaten zu neuen Anstrengungen, wo er sich sehen ließ. Als nun der Sieg gewonnen war, ward der König umringt; die

Soldaten küßten ihm seine Hände, seinen Rock. Da-
zwischen vernahm man Rufe: Hierher, Majestät, schauen
Sie nur! Wir haben diese Geschütze gewonnen! Sind
Sie zufrieden?" — Der König ward gefragt, nach
welchem Orte die Schlacht in dem abzusendenden Telegramm genannt werden solle. Kaum hatte er das
Wort Königgrätz genannt, so vernahm man aus seiner
Umgebung: „Dem König geräth's!" — Noch eine
Freude unbeschreiblicher Art stand ihm an dem Abende
dieses Tages bevor. Er traf mit seinem siegreichen
Sohne, dem Kronprinzen, auf dem Schlachtfelde zusammen. Was mochten beide Königlichen Heerführer
in dem Gedanken empfinden, den Sieg errungen und
sich lebend wieder gefunden zu haben! — Hören wir,
was der König in dem schon oben erwähnten Briefe
an die Königin über die Zusammenkunft sagt. „Endlich
begegnete ich noch spät acht Uhr Fritz mit seinem Stabe.
Welch ein Moment nach allem Erlebten und am Abende
des Tages! Ich übergab ihm selbst den Orden pour
le mérite, so daß ihm die Thränen herabstürzten, denn
er hatte mein Telegramm mit der Verleihung nicht erhalten! Also völlige Ueberraschung."

Dem Kaiser von Oesterreich, der in sicherer Ferne
die Ergebnisse der Schlacht abwartete, diesem Fürsten,
den sein Hochmuth, das Haupterbe seiner Ahnen, ver-
leitet hatte, seine Creaturen öffentlich sagen zu lassen:

„Mit einem zweiten Olmütz wird Oesterreich sich dies-
mal nicht zufrieden geben; Preußen muß nun ganz
herunter!" — ihm ward an dem Abende dieses Tages
ebenfalls gebührender Lohn. Als der Telegraph ihm
die Kunde brachte, daß sein Heer geschlagen und auf
dem Rückzuge begriffen sei, sank er in Ohnmacht.

Und doch war es noch viel zu günstig, von einem
„Rückzuge" zu sprechen. Es handelte sich für die
Oesterreicher um Schlimmeres, als um einen Rückzug.
Dafür liegen vollgültige Beweise vor. Hören wir
einen Mann (Hiltl), der wenige Tage nach dem 3. Juli
das Schlachtfeld besuchte. „Das Wort „Rückzug"
ist freilich milde gewählt, denn es war entschieden eine
Flucht. Nur ein Blick genügte, um sich davon zu über-
zeugen, daß in wilder Hast die zersprengten Schaaren
über das Feld dahin geeilt waren, von den Preußen
verfolgt, ohne Ordnung und Zusammenhang. Die zer-
stampften Kornfelder oder Wiesengründe waren über-
säet mit Waffenstücken, Uniformen, Wagen und Tor-
nistern. Ganze Haufen von Gepäck lagen in den
Chausseegräben, auf den Hügeln; — — diesen Wust
unterbrachen wieder Leichname von Menschen und Pferden, aus einem Graben oder einer Pfütze ragten zu-
weilen Geschütze hervor, deren zertrümmerte Räder ihre
Speichen wie Finger in die Luft streckten. An vielen
Orten ließ sich deutlich wahrnehmen, daß Kavallerie

zwischen Infanterie gekommen war und im rasenden
Laufe Alles, Männer und Pferde auseinander stürmend,
wie ungeheure Wogen sich über die Ebene dahinge-
gossen hatte. Sättel und Packzeug lagen neben Ge-
wehren, Kavalleriesäbel unter Jägerstutzen, zerbrochene
Laffetten über Marketender-Wagen, und stellenweise
bedeckten so viele Papier-, Leinewand- oder weiße Tuch-
fetzen den Boden, daß es den Anschein gewann, als
sei Schnee gefallen. Vor jeder Biegung des Weges
thürmten sich Wagen, oft zehn, zwölf an der Zahl,
welche augenscheinlich, im Momente höchster Verwirrung zusammen-, auf-, in einander gefahren und endlich
von den Führern verlassen worden waren; die Stränge
hingen zerhauen nieder, denn man hatte die Pferde
zur Rettung der Fliehenden benutzt. Wo ein Zaun,
ein Gehege, eine Rohrwand Weiterkommen hinderte,
da waren diese Hemmnisse durchbrochen, und der auf-
gewühlte Boden ließ erkennen, daß viele Menschen zu-
gleich versucht hatten, sich durch die Oeffnung hindurch-
zudrängen. Die Verwirrung und Auflösung muß ungeheuer gewesen sein; erst weit hinter Königgrätz wurden
die Spuren schwächer; aber bis Pardubitz konnte man
sie verfolgen und häufig selbst die Punkte bestimmen,
an denen einzelne größere Truppe sich von einander
getrennt hatten und nach verschiedenen Seiten auseinn-
ander gestoben waren."

Die Verluste der Oesterreicher waren ungeheuer; gegen 10,000 todte und verwundete Oesterreicher und Sachsen bedeckten das Schlachtfeld, gegen 20,000 Gefangene waren den Preußen in die Hände gefallen. Außerdem hatten die Oestrrreicher verloren: 180 Geschütze, 11 Fahnen, dazu Wagen nnd Kriegsvorräthe aller Art in außerordentlicher Menge.

Der tapfre Prinz Friedrich Karl hatte bei Beginn des Feldzuges seinen Offizieren gesagt, man müsse den Feind, sobald man ihn geschlagen habe, auseinander marschiren. Diesem Wort entsprechend, ward jetzt preußischerseits verfahren. Wie ein Gewittersturm brauste das preußische Heer dem Feinde nach, Blitz auf Blitz erfolgte, täglich hatten die Zeitungen der Heimat von neuen Erfolgen des Heeres zu berichten. Die Betäubung des Feindes war so groß, daß Städte, wie Prag, nicht einmal Miene machten, sich zu vertheidigen. Die Preußen besetzten diese Stadt und erbeuteten daselbst 20 Locomotiven und 2000 Eisenbahnwagen. Am 13. Juli ward Brünn, die Hauptstadt Mährens, am 14. Juli Znaim besetzt, am 15. Juli wurde ein österreichischer Heerestheil von Bonin bei Tobitschau geschlagen, der Feind verlor 18 Kanonen und 400 Gefangene. Am 16. Juli besetzte Prinz Friedrich Karl Lundenburg, Herwarth nahm das sechs Meilen von Wien gelegene Ober-Hollabrunn, am 17. Juli besetzte der Kronprinz Prerau.

Wie war den Wienern, die schon in den folgenden
Nächten die Lagerfeuer der Preußen sehen konnten, der
Muth gefallen! Mit welchem Hohn hatten ihre Zeitungen
unter den Augen ihrer despotischen Regierung (die, wenn
sie gewollt, es durch ein Stirnrunzeln hätte verhindern
können) und zwar nicht etwa erst seit Ausbruch des
Krieges, sondern lange Zeit vorher schon, das preußische
Heer geschmäht, es z. E. in seiner Moralität noch unter
die wilde Meute gestellt, die das Haus Habsburg im
dreißigjährigen Kriege über das protestantische Deutschland losgelassen hatte! Und nun stand dieses Preußen-
heer, das sich vor den Augen Europas so wohl in den
Schlachten als auch im Verkehr mit der friedlichen Bevölkerung des Feindeslandes so hohe Achtung erworben
hatte, nur wenige Meilen von der Hauptstadt entfernt,
und es war zu erwarten, daß es in wenigen Tagen in
Wien einrücken würde! Die Einwohnerschaft war entsetzt
in dem Gedanken, daß die Kaiserstadt den Preußen in
die Hände fallen, daß vor den Thoren derselben vielleicht
erst ein blutiger Kampf stattfinden sollte. „In Wien
ist," schrieb man der Vossischen Zeitung in jenen Tagen,
„die Parole: Rettung vor Preußen. In dem
Gedanken geht Alles auf: Scham, Ehre, Gewissen!"
In der That, so war es; denn wie hätte man sich sonst
an den Kaiser von Frankreich mit dem Rufe wenden
können: Rette uns vor Preußens Macht! — Die

6

Italiener waren in ihrem Kriege, deffen Zweck es war, Venetien zu erobern, nicht glücklich gewesen; Oesterreich hatte in dem Kampfe bei Custozza einen Sieg über sie errungen. Nun hätte man meinen sollen, Oester= reich würde um so weniger geneigt sein, Venetien auf= zugeben, da es ja früher schon oft genug erklärt hatte, seine Ehre verbiete ihm, unter irgend welchen Bedin= gungen auf jenes italienische Land zu verzichten. Aber der Welt stand eine neue Ueberraschnng bevor. Plötzlich brachten die Zeitungen die Nachricht, Franz Joseph habe dem Kaiser Napoleon Venetien cedirt und sich dafür erbeten, Oesterreich einen „guten Frieden" zu ver= schaffen. In der verzweifelten Lage, in die Oesterreich, Preußen gegenüber, gerathen war, hatte man in Wien zu einem solchen beschämenden Mittel seine Zuflucht genommen. Aber die in Wien gemachte Rechnung er= wies sich als eine falsche. Napoleon fand es nicht für gerathen, zu Gunsten des sinkenden, so arg zerfetzten Doppeladlers das Schwert gegen Preußen und das mit diesem verbündete Italien zu ziehen; er begnügte sich mit Versuchen, eine friedliche Vermittelung anzu= bahnen, und auch dabei war Lauheit ihm anzumerken.

Inzwischen hatte aber auch Oesterreich sich an Preußen gewandt und bat um Frieden. Preußen blieb bei seinen Forderungen, deren erste und vornehmste war: Ausschluß Oesterreichs aus Deutschland; ehe

über einen Frieden verhandelt werde, müsse Oesterreich
dem zustimmen! —

So weit waren die Versuche gediehen, dem Fort-
gange des Krieges Einhalt zu thun, als in der Gegend
von Preßburg (bei Blumenau) eine 35,000 Mann starke
österreichische Heeresabtheilung von den preußischen Ge-
neralen v. Fransecky und v. Bose angegriffen wurde.
Der Kampf nahm auch hier alsbald eine für die Preußen
günstige Wendung, da der Feind schon in dem Rücken
genommen war, und es stand die Besetzung Preßburgs
in sichrer Aussicht. Da traf die Nachricht von dem
erfolgten Waffenstillstande ein — der Kampf mußte ab-
gebrochen werden.

Es kam zum Frieden Preußens mit Oesterreich
und später auch mit den süddeutschen Verbündeten
Oesterreichs. Von Preußen wurden in dem kurzdauernden
Kriege nicht weniger als 50,806 Gefangene (darunter
939 Offiziere) gemacht, wogegen es nur an Gefangenen
verloren hatte: 2 Offiziere, 2 Beamte, 1 Arzt und
357 Unteroffiziere und Gemeine. — Oesterreich ist
definitiv aus Deutschland geschieden, Preußen hat an
Länderzuwachs erhalten das Königreich Hannover, das
Kurfürstenthum Hessen, die Herzogthümer Nassau und
Schleswig-Holstein, die Stadt Frankfurt und einige
kleinere Gebiete von Bayern und dem Großherzogthum
Hessen (im Ganzen gegen 1000 □ Meilen); außer-

6*

dem haben sämmtliche Staaten, die gegen Preußen Krieg führten, entsprechende Kriegsentschädigung anzuzahlen gehabt, Oesterreich 40 Millionen Thaler, Bayern 30, Würtemberg 8, Baden 6, Großherzogthum Hessen 3 Mill. Gulden. Mit Sachsen steht die Auseinandersetzung noch bevor, und es darf erwartet werden, daß Preußen es in einer oder der andern Weise Sachsen unmöglich machen wird, künftig irgend einmal einem Feinde Preußens als Operationsbasis zu dienen. Endlich ist dem preußischen Staate die militärische Oberleitung über die norddeutschen Staaten zuerkannt worden.

Wahrlich, Großes ist erreicht! Das Nessushemd des Bundestages ist zerrissen, der Plan Friedrich des Großen, Deutschland von dem Einflusse Oesterreichs zu befreien, hat in den letzten Kämpfen seine Vollendung gefunden, die Macht des Kleinfürstenthums, das Preußen in seiner Entwicklung zu lähmen bestrebt war, und das in der Bevölkerung der Kleinstaaten fortgesetzt Widerwille und Haß gegen den preußischen Staat zu erregen und zu unterhalten wußte, ist gebrochen. Preußen ist somit auf der ihm von der Vorsehung vorgeschriebenen Bahn mächtig vorgeschritten, und eines jeden Patrioten Pflicht ist es nun, den mit so theuren Opfern errungenen Frieden sichern und ausbeuten zu helfen. Der Sieg Oesterreichs hätte eine neue Barbarei über Preußen, über Deutschland gebracht

Dies hat das tapfre preußische Heer verhindert, welches damit Friedrich des Großen Ausspruch neu bewährte: „Die Welt ruht nicht so sicher auf den Schultern des Atlas, als der preußische Staat auf den Schultern seiner Armee." Wer nun in Wahrheit die Helden, die so Großes errungen, namentlich diejenigen, die in dem Kriegszuge ihren Tod fanden, ehren will, der fördere mit Hingebung die Güter, für die sie in heißen Schlachten stritten und bluteten: Licht, Recht, Volkswohlfahrt, diese Güter, die des Hohenzollernthrones mächtige Stützen geworden sind; der kämpfe redlich gegen die finstern Geistesmächte, die der Doppeladler zum eigenen und zum Unheile Deutschlands unter seinen Flügeln groß zog. In dem Grade, in welchem dies geschieht, in dem Grade erst ist das vergossene Blut zum Heile für das ganze Volk geflossen; geschähe es nicht, so würde das vergossene Blut, wie das Abels, zum Himmel schreien, so würden wir die Heldengräber entehren, den Ruhm der überlebenden Führer und Krieger schmälern. Der Mund Derer, die den Tod für das Vaterland erlitten, ist stumm; aber der Hinblick auf ihre Gräber erweckt in uns die Mahnung: Vergesset nie, wofür wir auszogen, wofür wir starben! —

Weder die ältere, noch die neuere Geschichte führt uns einen Siegeszug vor, der dem des Preußen-Heeres vom Sommer 1866 überstrahlte. Im Ganzen wurden

in dem Kriege von dem preußischen Heere 486 Kanonen und 31 Fahnen und Standarten erbeutet; die
Preußen dagegen verloren nicht ein Geschütz, nicht
eine Fahne oder Standarte! — Staunen ergriff alle
Welt; selbst das auf seinen Kriegsruhm so stolze Frankreich, das mißgünstigen Sinnes Anderer Ruhm gern
kürzt, ward zur Bewunderung hingerissen. In der
„revue contemporaine" heißt es: „Ein blitzschneller,
bewunderungswürdig vorbereiteter, durch unerwartete
Mäßigung edel gekrönter Feldzug hat Preußen in die
erste Reihe der europäischen Großmächte gestellt, in
einer seit einem Jahrhundert nicht besessenen Unab-
hängigkeitsstellung, und demselben das moralische ihm
schon zugehörige Uebergewicht gesichert. Man darf es
sich nicht verhehlen, daß Preußen in nicht weniger als
einem Monat die größte Umgestaltung bewirkt hat, die
seit 1789 in Europa erlebt worden. In Frankreich,
wo man China besser als Deutschland kennt, ist man
noch unter dem Drucke der Betäubung."

Unsere Soldaten haben bewiesen, daß sie würdige
Enkel und Söhne der Helden sind, die in dem sieben-
jährigen Kriege und in dem Freiheitskriege Sieg auf
Sieg an ihre Fahne zu fesseln verstanden. Ein Zeichen
hohen Heldenthums ist es, wenn der Sieger, trotz der
großartigsten Erfolge, von Uebermuth und Hochmuth
frei bleibt, wenn er nach dem blutigen Streite in dem

Gefangenenen seinen Bruder sieht, ihm seine Wunden verbindet, mit ihm sein Brot theilt, wenn er die Schrecknisse des Krieges nicht verlegt in das Haus des Bürgers, in die Hütte des Landmannes. Alles dies haben wir rühmend von den preußischen Truppen hervorzuheben. „Nicht eine Aehre haben die Preußen muthwillig in Böhmen geknickt!" ruft bewundernd ein französischer Berichterstatter. Auch der Berichterstatter unserer National-Zeitung legt unserer Armee zu den vielen Ehrenkränzen, die Heimat und Fremde, die Hoch und Niedrig ihr gewunden, einen solchen zu Füßen, indem er folgendes Urtheil über sie abgiebt:

„Von dem, was man kriegerische Begeisterung nennt, bemerkte ich kurz vor Ausbruch des Krieges nichts an unsern Mannschaften. Ihren Berufsgeschäften, dem häuslichen Heerde, der schaffenden Thätigkeit für die Ihrigen entzogen, in Zweifel über den Ausgang des Kampfes, hielten sie sich ernst und mannhaft, ohne Uebermuth, ohne Unterschätzung des Feindes, aber gewillt, ihre Schuldigkeit zu thun. Und wie haben sie diese Schuldigkeit gethan! Erst später wird es hinlänglich gewürdigt werden, wie ungeheuer die Anstrengungen und Entbehrungen waren, unter denen in den Schlachten von Nachod und Skalitz, von Gitichin und Königgrätz gefochten worden ist. Diese milchbärtigen, kaum dem Knabenalter entwachsenen jungen Lieutenants haben

sich wie die Löwen geschlagen, sie haben sich nicht von
ihren Soldaten beschämen lassen, welche, von Strapazen,
Hunger und Durst bis auf den Tod erschöpft, im An-
gesichte der drohenden Gefahren ihre Kräfte und ihren
Todesmuth hundertfach wachsen fühlten. Wie Viele
habe ich nicht selbst in den Lazarethen gesprochen, deren
bitterster Schmerz der war, daß sie durch ihre Wunden
verhindert seien, an dem ferneren Kampfe theilzunehmen!
Und worauf kehrte, wenn die Mannschaften verschie-
dener Truppentheile einander begegneten, das Gespräch
regelmäßig immer wieder zurück? Auf das größere oder
geringere Glück, das diese oder jene Division, dieses
oder jenes Regiment gehabt habe, nämlich das Glück,
so und so oft ins Feuer gekommen zu sein. Und man
müßte im Vorurtheil völlig verrannt sein, wenn man
an der Aufrichtigkeit des Schmerzes Derer zweifeln
wollte, welche sich hier bitter beklagten, daß sie nicht
mit dabei gewesen waren. Wann ist jemals ein Corps
so beneidet worden, als das Steinmetz'sche? Und Tau-
sende der Tapfern dieses Corps düngen mit ihren Lei-
bern die blutgetränkten Felder Böhmens. Es ist vollkommen bezeichnend, was ich in Nikolsburg als eine
Aeußerung des Kriegsministers Roon erzählen hörte:
„Mein Junge hat rechtes Pech gehabt —.“ — Wie
so, Excellenz? — „Der arme Kerl ist noch nicht ein
einziges Mal ins Feuer gekommen.“ Und diese Ge-

sinnung zieht sich durch die ganze Armee hindurch, und
daß sie für den König, ihren Kriegsherrn, zehnmal in
den Tod gehen, ist eine Sache, die sich vollkommen
von selbst versteht. Es ist in dieser patriotischen und
soldatischen Begeisterung nicht eine Spur von dem auf-
gesteiften Enthusiasmus, den die Franzosen zu Wege
zu bringen pflegen; unsre Soldaten lieben ihren König
als ihren Feldherrn, unter dessen Augen und unter
dessen Führung sie gekämpft haben, mit der bewußten
Hingebung von Männern. Sie haben gesehen, wie er
mit ihnen gekämpft, gehungert und gedürstet hat. Sie
haben ihn nach der Schlacht bei Königgrätz gesehen,
wie er von Lazareth zu Lazareth ging, jeden einzelnen
Verwundeten anredete, jedes Einzelnen Wunde besich-
tigte, ihnen Muth und Trost zusprach, ihnen die Hand
drückte, und dies Alles in tiefster Bewegung. Das
vergißt kein Soldat. Und dieselben Mannschaften,
welche mit Todesverachtung den Feuerschlünden entgegen gegangen waren, jauchzten laut auf, als sie ver-
nahmen, es sei Friede, und daß sie wieder heim könnten,
zu Haus und Hof, zu Weib und Kind, in die engen
und befriedeten Schranken ihres kleinbürgerlichen, auf
dürftigen Erwerb gestellten Daseins. Und das ist der
rechte Mannessinn, der rechte Mannesmuth. Denn
unsre Soldaten sind keine Landsknechte, keine Reisläufer,
keine Einsteher: — sie sind das Volk selbst, das Volk

in Waffen; keine Rauflust treibt sie in den Kampf,
sondern das Gefühl der Pflicht, und gilt es, so erwacht
der alte Bärensinn, der den Feind mit den gewaltigen
Pranken erfaßt und in tödtlicher Umarmung zermalmt,
der alte furor teutonicus beseelt sie von Neuem; und
ist die Arbeit gethan, so ziehen sie freudig den bunten
Rock wieder aus und pflügen ihren Acker und bestellen
ihr Tagewerk und sind wieder friedliche Bürger des
Gemeinwesens, von dessen Marken sie den Todfeind
zurückgeschlagen haben."

Entsprechend der Haltung der Bürger in Waffen,
war die Haltung der preußischen Bevölkerung in der
Heimat. Während preußische Gefangene in Oesterreich
mißhandelt wurden, sah man in Preußen in den Gefangenen nur seine Brüder, und Unzähliger Herzen
regten sich, ihnen Wohlthaten zu erweisen.

In seinem am 30. August erlassenen Armeebefehl
sagt Prinz Friedrich Karl: „Mehr wie unsere Schuldigkeit konnten wir nicht thun. Diese aber haben wir
voll gethan. Unser Herrgott ist wieder sichtlich mit
Preußen gewesen. Nicht uns, Ihm sei Lob, Preis,
Dank und Ehre! Lebt denn wohl, meine tapferen
Kameraden, und seid ferner Gott befohlen! Euer
dankbarer Oberbefehlshaber." — „Ein Feldzug," heißt
es in dem am 8. September ausgegebenen Armeebefehl des Kronprinzen, „wie ihn glänzender die Ge-

schichte nicht aufzuweisen vermag, ist in weniger als drei Monaten ruhmvoll zu Ende geführt. Preußens Ansehen und Stellung sind mächtig gehoben, für Deutschlands Geschicke die Grundlage einer, so Gott will, gedeihlichen und glücklichen Entwickelung gewonnen." — Ein Erlaß des Königs Wilhelm vom 19. September lautet: „Aus Anlaß des so eben beendeten Krieges sind mir von allen Seiten und aus allen Theilen des Landes so zahlreiche und wohlthuende Kundgebungen der Treue, Hingebung und Opferfreudigkeit für König und Vaterland zugegangen, daß es meinem Herzen Bedürfniß ist, nicht nur diese Thatsache, sondern auch meinen Königlichen Dank öffentlich auszusprechen. Die unzerstörbare Einheit von Fürst und Volk, deren hervorragende Bethätigung den jetzigen wie alle großen Momente unserer ruhmreichen Geschichte kennzeichnet, wird auch in der neuen Epoche, welche mit dem Friedensschlusse eröffnet ist, alle Unterschiede und Gegensätze in der Liebe zu dem gemeinsamen Vaterlande und in der Bethätigung des historischen Berufes Preußens in Deutschland versöhnen und nutzbar machen. Und wie ich bei Beginn des Krieges Mich mit meinem Volke vor Gott gebeugt, so will ich auch in Verbindung mit ihm den Dank öffentlich bekennen, daß Gott so Großes an uns gethan

und unser Thun so sichtbar gesegnet hat. Gott
allein die Ehre!" — Und ganz entsprechend dem
Geiste dieses Erlasses erschien am 20. September eine
weitumfassende Amnestie-Ordre.

Mit diesem wahrhaft königlichen Gnadenacte er-
öffnete Se. Majestät das Siegesfest, das am 20. und
21. September in der Hauptstadt gefeiert ward, auf
das Würdigste.

Den Schmuck der Straßen und Plätze, durch die
der Einzug erfolgte, schildern zu wollen, müssen wir
uns versagen: dazu gehörte ein Buch. Erwähnt sei
nur, daß unter den Linden die Namen der Schlachten
und Gefechte, rechts und links gleichlautend, aufgeführt
waren: 26. Juni: Liebenau, Turnau, Podol. —
27. Juni: Nachod. — 27. Juni: Langensalza. —
27. Juni: Oswiencin. — 27. Juni: Hünerwasser.
— 28. Juni: Münchengrätz. — 28. Juni: Soor. —
28. Juni: Trautenau. — 28. Juni: Skaliz. —
29. Juni: Gitschin. — 29. Juni: Königinhof. —
29. Juni: Jaromierz, Schweinschädel. — 3. Juli:
Königgrätz. — 4. Juli: Dermbach. — 5. Juli:
Hünfeld. — 5. Juli: Zell. — 10. Juli: Waldaschach, Hausen. — 10. Juli: Hammelburg,
Friedrichshall. — 10. Juli: Kissingen. —
13. Juli: Laufach. — 14. Juli: Aschaffenburg. —
15. Juli: Tobitschau. — 22. Juli: Blumenau. —

23. Juli: Hof. — 24. Juli: Tauber-Bischofs-
heim. — 24. Juli: Werbach, Hochhausen. —
25. Juli: Neubrunn, Helmstadt. — 25. Juli:
Gerchsheim. — 26. Juli: Roßbrunn. — 28. Juli:
Würzburg. — 28. Juli: Bayreuth.

Den Gesinnungen und patriotischen Anschauungen
der besten Patrioten gab der Ober-Bürgermeister
Seidel in seiner an den König gerichteten Begrüßungs-
rede Worte; in der Rede heißt es u. A.:

„Nach fünfzig Jahren — Jahren ernster Arbeit,
strenger Zucht, mühevoller Uebung — ist wiederum
Preußen mächtig und entscheidend eingetreten in die
Last und Ehre seines Berufes.

Auf den Ruf seines Königs erhob sich das Volk
in Waffen, festen Muthes, ohne Uebermuth, ernst, ruhig
und bewußt: Erben des Ruhmes unserer Väter, Rüst-
zeuge der Geschicke, die sich erfüllen sollen.

Ein siebentägiger Schlachten- und Siegesgang zer-
trümmert die Heere Oesterreichs; ein vierzehntägiger
unvergleichlicher Vormarsch führt bis vor die Thore
seiner Hauptstadt.

Gegen mehr als die doppelte Ueberzahl, im Marsche
fechtend, unaufhaltsam dringen die Anderen vor bis
an die Ufer des Main, Neckar, Tauber.

Im Osten und Westen Sieg auf Sieg, wie im
Fluge! —

Nur die Aussaat ist des Menschen. Ueber seine tapfern Thaten, wie über seinen weisen Rath waltet Gott, der allein die Vollendung, allein der schweren Arbeit die goldene Ernte giebt.

Die Thaten, die geschehen sind, werth der alten Tage, werth des Ruhmes unserer Väter, verzeichnet die Geschichte auf ehernen Tafeln, zum Gedächtniß für alle Zeiten."

Die ganze Völkerung wetteiferte, dem Könige, den Prinzen, den übrigen Feldherren und den Unterführern und dem Heere Ehre zu erweisen; auch aus den sich langhinziehenden Reihen der Schuljugend, die mit Fahnen und Kränzen zum Empfange aufgezogen war, scholl den Kriegern tausendstimmiger Jubelruf entgegen.

Entsprechend war der Eindruck der erhebenden Siegesfeier im Auslande. Die englische Post sagte: „Vor zehn Wochen rief der preußische Monarch sein Volk auf, sich um die nationalen Banner „mit Gott für König und Vaterland" zu schaaren. Am 3. Juli stand er auf dem Felde von Sadowa, und heut steht er vor der Bildsäule Blüchers, während die Truppen als die Vertreter jener Armee, die in zwölf Stunden die Macht Oesterreichs über den Haufen warf und Preußens Sendung in Deutschland erfüllte, vorübermarschiren." Und die Times sagte: „Der **böhmische Feldzug** hat die

Thaten Julius Cäsars und des Riesen von Austerlitz zu Wagram überboten..... Wohl mag das preußische Volk sich über seinen Tag des Stolzes und Glückes freuen. Denn die lorbeergekrönte Armee ist das preußische Volk in Waffen."

Welch eine Fülle sittlicher Erscheinungen sind in diesem Kriege und in dieser Siegesfeier zu Tage getreten! Sicherlich wird noch Vieles kundbar werden, dem preußischen Volke zur Erhebung, den Oesterreichern, die Preußen ausstreichen wollten aus der Karte, zur Beschämung. Sie werden erkennen, daß sie in dem Preußenvolke einen Gegner gefunden haben, der mit hohen Geistesmächten der Bildung und menschlichen Gesittung ein Bündniß geschlossen hat, und daß, wenn sie mit diesem Volke rivalisiren wollen, sie die finstern Bahnen der Unwissenheit und Barbarei verlassen müssen. Den österreichischen Staat, ja auch andre Staaten Europa's zu einem Wettkampfe solcher Art angeregt zu haben, wahrlich, das würde der höchste Ruhm für die Preußen sein, die des Vaterlandes Schlachten geschlagen haben: die Folgen kämen nicht nur den europäischen Völkerschaften, sie kämen der Menschheit zu Gute.

> „Von jüngeren Göttern
> Entsprangest du, mein Adler;
> Längst rissest du los dich

Wie vom Stahle der Funken
Von des alten Kronion
Versunkenem Reich.
Rubin= und demantene
Hallen erbaut dir
Die goldene Zukunft.
Dort winkt — nicht aus Grüften —'
Das Ewige dir!

Victoria!
Wie du sicheren Schwunges
Mit dem strebenden jungen Geschlechte
Dahinrauschest
Ueber die dunkle Erde,
'Empor zur Sonne!" —